Sabine Schuler (Hrsg.)

Mein
Bärenbuch

Sabine Schuler (Hrsg.)

Mein Bärenbuch

RAVENSBURGER BUCHVERLAG

Mit Bildern von Christine Georg

Für Nina und Markus

Originalausgabe als Anthologie
als Ravensburger Taschenbuch
Band 2019
erschienen 1996
Erstmals in den Ravensburger
Taschenbüchern erschienen 1993
unter dem Titel „Mein erstes
Vorlesebuch von den Bären"
(als MET 6101)
© dieser Ausgabe 1993
Ravensburger Buchverlag

Quellennachweis: siehe Seite 126

Umschlagillustration: Christine Georg

 RTB-Reihenkonzeption:
Heinrich Paravicini, Jens Schmidt

**Gesamtherstellung: Appl, Wemding
Printed in Germany**

6 5 4 3 2 1 01 00 99 98 97 96

ISBN 3-473-52019-5

VORLESEBUCH

INHALT

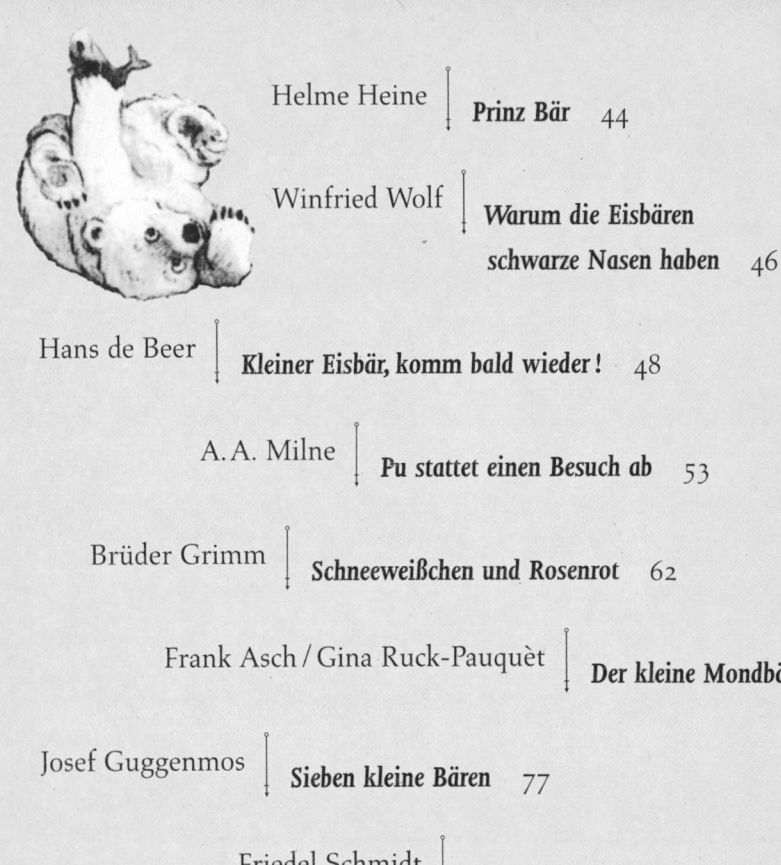

Sabine Schuler | **Vorwort**

„Überall gibt's Bären" heißt ein Gedicht von Nortrud Boge-Erli. Und tatsächlich begegnen wir Bären auf Schritt und Tritt, wenn wir mit wachen Augen durch die Welt gehen: Da gibt es Teddybären, Schmusebären, Naschbären, Gummibären und viele andere. Zwar sind die lebendigen Vorbilder für all diese Bären in unseren Breiten ausgestorben, aber im Zoo und im Zirkus gehören die Bären zu den Tieren, die große Begeisterung auslösen und zu denen sich jung und alt gleichermaßen hingezogen fühlen.

Bären scheinen in vielem sehr menschlich, uns artverwandt. Sie können sich aufrichten und auf zwei Beinen gehen wie die Menschen. Sie naschen gern wie viele Kinder. Bären sind groß und stark, im Umgang mit ihren Jungen aber überaus geduldig. Kinder sehen in einem Bären nichts Bedrohliches, sondern den Beschützer, der ihnen selbst auch Kraft verleiht. Auf der anderen Seite sind kleine Bären sehr verspielt, tapsig und drollig in ihren Bewegungen. So wünschen sich Kinder ihre Spielkameraden – jemanden zum Herumtoben und Herumtollen, zum Schmusen und Liebhaben. So verbinden die Bären für die Kinder zweierlei: Einerseits verkörpern sie den Wunsch, groß, stark und mächtig zu sein, zum anderen entsprechen sie dem Bedürfnis zu spielen und zu toben, klein sein zu dürfen, zu kuscheln und zu schmusen.

In den Geschichten dieses Buches finden wir von allem etwas: Da sind der große schwarze Bär, der im Spiel mit Schneeweißchen und Rosenrot so gutmütig ist, aber im Kampf mit dem bösen Zwerg seine Überlegenheit einsetzt; der Murmelbär, der allen anderen hilft und dabei beinahe seine eigenen Träume vergißt; der kleine Mondbär, der sich auf der Suche nach einem Freund in den Mond verliebt. Wir begegnen Pu dem Bär mit seinem Freund Christoph Robin, dem kleinen Brüllbär, dem Heidelbeerbär, Gustav Bär und den drei Wanderbären, dem kleinen Eisbär und vielen anderen. Jedes Kind wird im „sehr alten weißen Bär", der so wunderbar trösten kann, etwas von seinem eigenen Schmuseteddy wiederfinden. Und Kinder und Erwachsene werden sie liebgewinnen, die Bären dieses Buches, die kleinen und die großen!

Nortrud Boge-Erli | **Überall gibt's Bären**

Der Eisbär wohnt nur dort, wo's kalt ist,
der Grizzly dort, wo Fels und Wald ist.
Der Panda mit der weißen Krause,
der ist im Bambuswald zu Hause.
Der Sonnenbär auf Borneo,
der ist nur in der Sonne froh.
Ameisenbär Tamandua
genießt es in Amerika.
Wo's Wasser gibt, gibt's Waschbär'n,
wo Bonbons sind, gibt's Naschbär'n,
doch Zottel-kuschel-Schmusebär'n
mit weichem Fell und Bauch,
die mögen Kinderzimmer gern
und Kinderhände auch!

Janosch | Der Bär und der Vogel

Es war einmal ein Bär, der lebte sieben Meilen weg von den Leuten, am Fuße eines Berges, und bewohnte dort eine kleine, freundliche Höhle.

Im Sommer ging es ihm gut, verdiente er doch seinen Lebensunterhalt mit Bienenzucht und Honighandel, Beerensammeln und ähnlichen kleineren Arbeiten.

Auch mit den Waldleuten vertrug er sich gut, weil er leutselig war, auch niemals hinterlistig oder nachtragend, wenn ihn jemand im Spaß oder aus Versehen gehänselt hatte.

Gemeinheit oder Bosheit waren ihm fremd, und er war für die anderen Tiere so wie ein lieber Großvater. Sie kamen zu ihm und flüsterten ihre Sorgen in sein Ohr, der Bär sagte nie etwas weiter.

Auch im Winter ging es ihm nicht schlecht. Er hatte ja einen warmen Mantel aus Bärenfell, und er hatte kleine Vorräte in seiner Höhle angelegt, die fast immer ausreichten.

Er hatte Honig, etwas Espenlaub (was zerrieben, mit Pilzen und Schnee angerührt, mit Honig gesüßt, ein wunderbares Bärenmahl ergibt), und er hatte Baumblätter, sauber gefaltet, unter seinem Kopfkissen gesammelt, auf denen er an langen Winterabenden die Geschichte vom Sommer lesen konnte.

Nur im letzten Winter, da war es besonders kalt. Der Wind hatte dem Bären den Schnee bis direkt vor das Bett geweht. Die Luft war wie kaltes Glas, und die Vögel fielen erstarrt in den Schnee. Und als die Heilige Nacht kam, stand der Mond kümmerlich und blaß am Himmel.

Dem Bären war es so kalt wie noch nie, und er sagte sich: „Es ist so kalt, daß ich es nicht mehr aushalten kann. Ich werde jetzt in die Stadt gehen zu den Menschen. Vielleicht treffe ich einen Bekannten oder finde einen warmen Platz am Ofen, oder jemand schenkt mir eine Brotsuppe. Heute ist die große Nacht, da sind die Menschen gut zueinander." Da hatte er auch recht.
Er rieb sich die Pfoten, ging vor die Höhle und rief in den Wald: „Geht jemand mit in die Stadt? Es gibt eine warme Brotsuppe und ein schönes Fest. Niemand?"
Bloß das Echo rief zurück: Niemand.
Da ging der Bär allein den Rehweg entlang, der ja geradeaus zu den ersten Häusern führt. Lieber wäre er nicht allein gegangen, denn der Weg ist besser, wenn man ihn zu zweit wandert. Manchmal blieb er deshalb stehen, hielt die Pfoten an die Schnauze und rief: „Niemand, der mitgeht in die Stadt? Es gibt ein großes Fest."
Aber es kam keine Antwort.
Und als es immer kälter wurde und der Bär nach vorn fiel, in den Himmel sah und dann die Augen schloß,

kam ein kleiner Vogel geflogen, setzte sich auf sein Ohr, pickte ihn und sagte: „Kalt ist es, Bär! Könntest du mich ein Stück tragen? Ich kann nicht mehr fliegen wegen der Kälte, und ich würde dir ein bißchen vorsingen."

Da stand der Bär auf, nahm den federleichten Vogel auf seine Schulter, und sie gingen zusammen in die Stadt.

Während sie gingen, versuchte der Vogel ein Lied, so gut es bei der Kälte möglich war. Der Bär lauschte, der Sommer fiel ihm wieder ein, und er ging ganz vorsichtig, um die Melodie nicht zu verwackeln.

Es war schon mitten in der Nacht, als sie in die Stadt kamen. Hinter den Fenstern waren die Kerzen ausgebrannt, und die Leute waren unterwegs in die Kirche. Der Bär ging hinter ihnen her und lauschte dem Lied, das der Vogel ihm ganz leise ins Ohr sang. In seinen Augen ging ein kleines Licht auf. Der Vogel sah es, wärmte sich daran, und bald schnitt ihnen auch die Kälte nicht mehr so in die Beine.

Als sie an der Kirche ankamen, ließ der Küster sie nicht hinein: „Bären und Vögel haben hier bitte keinen Zutritt. Das ist die Vorschrift. Auch kann ich keine Ausnahme machen, denn die Kirche ist überfüllt. Kinder und alte Frauen könnten sich ängstigen. Morgen oder übermorgen geht es vielleicht, denn meistens bin ich nicht so streng." Das letzte sagte er, weil heute Weihnachten war.

Aber dem Bären und dem Vogel war das egal. Sie froren nicht mehr und setzten sich neben die Tür. Der Himmel war ihnen wie ein großes Dach, und die Welt hatte keinen Anfang und kein Ende.

Kinder kamen vorbei und sagten zu ihren Müttern und Vätern: „Was ist dort mit dem Bären? Ist er ein verwunschener Prinz oder etwa der Bärenkönig persönlich?"

„Kein Prinz und kein König", sagten die Eltern, „wir haben jetzt keine Zeit, und morgen werden wir ihm etwas zu fressen bringen. Schluß jetzt!"

Als der Vogel immer leiser sang und der Bär sah, daß er die Augen zuhatte, verbarg er ihn vorsichtig und warm in seinen Pfoten und rührte sich nicht, um ihn nicht zu wecken. Auch dem Bären fielen bald die Augen zu, und er träumte das Lied zu Ende.

Inzwischen kamen die Leute aus der Kirche, gingen vorbei und nach Haus, denn das Fest hatte sie müde gemacht. Die Kirchentür wurde verschlossen, und der Küster hatte Feierabend.

Als die Nacht aber am höchsten war, kam ein Engel vorbei und trug die beiden zurück in einen Wald, in dem es niemals wieder so kalt wurde.

Gina Ruck-Pauquèt | **Der kleine Nachtwächter und der Bär**

Als die Dämmerung kam, saßen die Leute vor ihren Häusern und erzählten von alten Zeiten. Der Drehorgelmann, der Bauer, die Blumenfrau, das Luftballonmädchen und der Dichter.

„Wölfe und Bären gab es damals", sagte der Bauer, und dann mußte er gähnen.

Und weil die anderen Leute auch müde waren, gingen sie alle zu Bett. Der kleine Nachtwächter blieb allein zurück. Er begrüßte den Mond, schaute den eiligen Wolken nach und machte seine Runde. Doch als er eben um die Ecke biegen wollte, stand plötzlich ein Bär vor ihm.

„Es gibt keine Bären mehr", dachte der kleine Nachtwächter, und er schloß die Augen. Aber als er sie wieder öffnete, war auch der Bär wieder da.

„Guten Abend, Bär", sagte der kleine Nachtwächter freundlich. „Kommst du aus den alten Zeiten?"

„Brumm", entgegnete der Bär, und das konnte ja oder nein heißen.

Er schüttelte sein zottiges braunes Fell und wanderte durch das Dorf. Und der kleine Nachtwächter ging

17

immer hinter ihm her. Als der Bär zum Dorfteich kam, betrachtete er lange sein Spiegelbild im Wasser.

„Du bist ein hübscher Bär", sagte der kleine Nacht-wächter, denn zu Gästen muß man höflich sein. „Aber komm lieber da fort, sonst fällst du noch hinein!"

Da wandte der Bär sich ab und tapste zu den Häusern hinüber. Er steckte seinen dicken braunen Kopf in die Fenster und schaute sich die Leute an.

„Oh", sagte der kleine Nachtwächter, „wenn sie aufwa-chen und dich sehen, werden sie sehr erschrecken, denn sie sind keine Bären gewöhnt. Komm lieber da fort!"

Da wandte der Bär sich ab und lief in den Blumengar-ten. Und weil ihm die weißen Rosen so sehr gefielen, begann er sie aufzufressen.

„Nein!" rief der kleine Nachtwächter entsetzt. „Das ist verboten. Komm da fort!"

Da wandte sich der Bär zum drittenmal ab. Und diesmal war er traurig.

„Warte", sagte der kleine Nachtwächter.

Er zog seinen Kamm aus der Tasche und blies darauf eine kleine Melodie. Der Bär spitzte die Ohren, dann stellte er sich auf die Hinterbeine und begann zu tanzen. Immer fröhlicher wurde er. Und weil Fröhlichkeit min-destens so ansteckend ist wie die Masern, wurde auch der kleine Nachtwächter ganz vergnügt. Er packte den braunen Bären bei den Pfoten und tanzte mit. Links-herum tanzten sie, rechtsherum und im Kreise.

18

In der Früh, als der Morgen über die Dächer stieg, ließ der kleine Nachtwächter den Bären los.

„Ich will die Leute holen", sagte er. „Sie müssen sich an dich gewöhnen, denn du bist mein Freund."

Doch als er den Leuten den Bären zeigen wollte, war er verschwunden.

„Vielleicht habe ich den Bären nur geträumt", meinte der kleine Nachtwächter, und er lächelte ein wenig.

„Aber wenn ich es will, wird er immer wieder bei mir sein, denn er ist mein Freund. Ich brauche nur die Augen zu schließen und an ihn zu denken."

Elisabeth Zöller | **Guten Tag, ich bin ein Bär**

Guten Tag, ich bin ein Bär,
das zu sehen ist nicht schwer.
Hab' ein dickes Bärenfell,
komm und kraul mich, komm ganz schnell.

Melodie: Ludger Edelkötter

Isolde Schmitt-Menzel | **Maus, Bär** und der **Tiger**

Mitten in der Nacht fängt Bär an zu weinen. Maus stolpert aus ihrem Kuschelbett.

„Komm, Bär, sei still", sagt Maus.

„Aber ich hab so Angst", sagt Bär. „Darf ich mit in dein Bett?"

„Und warum hast du Angst?" fragt Maus.

„Ich hab von einem großen, schrecklichen Tiger geträumt!" sagt Bär.

„Und ich denke, du willst Tierforscher im Urwald werden. Das scheint sich ja geändert zu haben. Komm, kuschel dich fest in meinen Arm", sagt Maus und verschwindet mit Bär im Mausebett.

Stille – dann lautes Schnaufen von Bär: „Hm, hm…"

„Bär, heulst du? Mein Bauch wird ja ganz naß", sagt Maus.

„Ich muß dir doch den ganzen schlimmen Traum noch erzählen!" sagt Bär.

„Also los, Bär", sagt Maus, „ich hör zu."

„Der Tiger, der Tiger – ach, Maus, jetzt weiß ich es schon gar nicht mehr genau. Aber der Tiger war sooo gefährlich, Maus."

Maus stellt Bär auf den Stuhl. „Da, schau, hast du noch alle Arme und Beine, Ohren und Nase, alles da, Bär?"

21

„Ja, Maus."

„Und wo bist du jetzt?"

„Im Arm von Maus."

„Gut, Bär", sagt Maus, „dann rasch wieder ins Bett. Zusammen sind wir ganz stark. Ich halt dich in meinen Armen. Schlaf wieder ein. Ich erzähl dir eine Geschichte:

Wir beide spazieren jetzt zusammen durch den Urwald. Die Sonne scheint, es ist warm, und ein blauer Schmetterling schaukelt in der Luft. Ein großer, bunter Vogel singt, und wunderschöne Blumen blühen. Fische sausen flink durch das grüne Wasser, und wir beide schauen ihnen zu.

Da treffen wir Tiger. Wir sagen: ,Hallo, Tiger, wie geht es dir? Willst du unser Freund sein?'

,Ja, warum nicht', sagt Tiger…

Bär, hörst du überhaupt noch zu?"

„Nein", brummt Bär, „ich bin so müde. Gute Nacht, Maus."

„Er schläft wieder", sagt Maus. „Was für ein lieber, kleiner, dummer Bär!"

Und sie trägt ihn in sein Bett.

„Aber immerhin", sagt Maus, „ist Tiger jetzt unser Freund. Das muß ich Bär morgen erzählen!"

Renate Welsh | **Ein sehr alter weißer Bär**

Der weiße Bär saß seit vielen Jahren zwischen dem dunkelgrünen und dem gelben Kissen. Er wurde nur aufgehoben, wenn die Sofakissen ausgeschüttelt wurden.

Manchmal vergingen Wochen, ohne daß er eine Menschenhand spürte.

Der weiße Bär saß da und dachte an vergangene Zeiten. Wenn Regen in der Luft lag, spürte er die Naht im rechten Bein. Dort hatte ihn ein Hund erwischt. Das war dreißig Jahre her oder noch etwas länger. Der weiße Bär erinnerte sich genau, wie sein kleines Mädchen hinter dem Hund hergerannt war. Er erinnerte sich, wie sie geschrien hatte. Er erinnerte sich, wie sie in seinen weißen Bauch weinte. Und wie ihre Mutter die Holzwolle zurückstopfte in das Bein und die Wunde zunähte. Seither war das rechte Bein ein wenig dünner als das linke.

Seine rechte Pfote fehlte. Das war beim Karussellfahren passiert. Der weiße Bär war ins Gestänge geraten, als sein kleines Mädchen auf einem schwarzen Pferd ritt und in die Hände klatschte. An den Fußsohlen hatte der weiße Bär Lederflecke. Dort war der Stoff aufgegangen. Der weiße Bär wußte nicht, wieso. Er war nie viel zu Fuß gegangen. Meist hatte ihn sein kleines Mädchen herumgeschleppt.

23

Er hatte oft gebrummt, wenn sie ihn einfach nachschleifen ließ. Jetzt konnte er schon lange nicht mehr brummen. Die Feder in seinem Bauch war irgendwann einmal gesprungen.

Sein kleines Mädchen kam ins Zimmer und setzte sich an den Schreibtisch, ohne den weißen Bären anzusehen.

Er kränkte sich.

Eigentlich hätte er längst daran gewöhnt sein müssen.

Aber er konnte sich nicht daran gewöhnen.

Er wäre gern hin und her gerutscht.

Aber er war steif vom langen Sitzen.

Er guckte vor sich hin.

Sein kleines Mädchen klapperte auf der Schreibmaschine. Ihre Ellbogen gingen auf und ab, auf und ab.

Sie war gar kein kleines Mädchen mehr.

Sie war eine Frau.

Sie hatte selbst Kinder.

Die hatten auch mit dem weißen Bären gespielt. Aber anders. Sie hatten mit ihm gespielt und ihn dann tagelang liegengelassen. Einmal sogar in einer Pfütze. Davon stammten die dunklen Flecke und die kahlen Stellen in seinem Fell.

Und jetzt waren auch die Kinder schon groß und sahen ihn nicht mehr an.

Der weiße Bär hätte gern geseufzt.

Aber das konnte er nicht.

Er war nur traurig.

Er fühlte sich unnütz.

Niemand brauchte ihn.

Eines Tages kam ein fremder Junge zu Besuch.

Der fremde Junge stieg auf das Sofa und holte alle Bücher vom Regal. Eines fiel dem weißen Bären auf den Kopf.

Der fremde Junge blätterte die Bücher so schnell durch, daß es klang, als rausche der Wind durch die Seiten.

Der fremde Junge drehte das Radio auf, daß es dröhnte.

Der fremde Junge rannte grölend durch die Wohnung.

Plötzlich klirrte irgendwo Glas.

Dann hörte der weiße Bär lautes Weinen.

Sein kleines Mädchen sprang auf und rannte hinaus.

Der weiße Bär hörte Wasser rinnen.

Er hörte, wie eine Schublade aufgerissen wurde.

Er hörte eine Schere schnappen.

Er hörte murmelnde Worte.

Dann kam sein kleines Mädchen zurück. Sie trug den fremden Jungen.

„Ich will zu meiner Mama!" schrie der fremde Junge.

„Das geht jetzt nicht", sagte das kleine Mädchen. „Das weißt du doch."

Sie legte den fremden Jungen auf das Sofa.

Er schluchzte laut.

Er hatte einen großen weißen Verband an der Hand.

Er zappelte und strampelte.

Der weiße Bär wurde hin- und hergeschüttelt.

Sein kleines Mädchen sagte zu dem fremden Jungen: „Ich habe jemanden für dich."

Sie hob den weißen Bären auf.

Sie fuhr über seinen kahlen Kopf.

„Der kann wunderbar trösten", sagte sie und legte den weißen Bären in die Armbeuge des fremden Jungen. „Er hat mich immer getröstet, wenn ich traurig war."

Der fremde Junge sah den weißen Bären an.

„Was ist mit seiner Pfote?" fragte er.

Der weiße Bär mochte es nicht, wie ihn der fremde Junge ansah. Sein kleines Mädchen erzählte die Geschichte von der Pfote. Der fremde Junge hörte zu. Hin und wieder schnupfte er auf. Der Bär hörte auch zu. Sein kleines Mädchen erzählte die Geschichte vom Bein. Und die Geschichte von der kahlen Schnauze.

Der fremde Junge drückte den Bären an sich.

Der weiße Bär spürte die warme Haut des fremden Jungen.

Die kahle weiße Bärenschnauze kam in die Halsgrube des fremden Jungen.

Der fremde Junge fing an zu lachen.

„Das kitzelt ja!" sagte er und zappelte.

Der weiße Bär wurde wieder hin- und hergeschüttelt.

Aber das war ganz anders als zuvor.

Sein kleines Mädchen sah ihn an, so wie sie ihn früher angesehen hatte. Ganz früher.

„Siehst du", sagte sie zu dem Jungen, „er mag dich, mein Bär. Ich muß jetzt in die Küche gehen, aber er bleibt bei dir."

Der Junge drückte den weißen Bären noch fester an sich.

Ich bin nicht mehr unnütz, dachte der weiße Bär.

Ich bin wieder nütz.

Ein Bär, der gebraucht wird.

Ein Bär, der trösten kann.

Kleiner Tanzbär

Ich bin ein kleiner Tanzbär
und komme aus dem Wald.
Ich suche mir jetzt einen Freund
und finde ihn schon bald.
Komm, sei mein Freund und tanz mit mir,
die Bärenpfote reich ich dir.
Ich bin ein kleiner Tanzbär
und komme aus dem Wald.

Melodie: Dorothée Kreusch-Jacob

Friedl Hofbauer | **Der Heidelbeerbär**

Peter und die Mutter gingen in den Supermarkt einkaufen. Es roch nach Waschpulver und Schokolade und Grillhühnern. Peter holte einen Einkaufswagen, und sie fuhren am Waschtrommelberg vorüber und kamen auf den Kirschenkompottweg.

„Wir wollen gleich zum Käse", sagte die Mutter und legte ein rotes Netz voll mit Kartoffeln in den Einkaufswagen. „Und dann kaufen wir noch Milch und Papiertaschentücher. Wo sind denn die?"

„Hinter dem Sockenberg", sagte eine Frau.

Dicht neben dem Sockenberg stand ein hoher Drahtkorb, darin saßen lauter Teddybären. Ein kleiner Bär streckte die Pfote durchs Gitter.

Peter nahm die Pfote und schüttelte sie.

„Guten Tag, Bär", sagte er.

„Darf ich mitkommen?" fragte der Bär.

„Ja, komm nur mit", sagte Peter.

Der kleine Bär stieg aus dem Korb und sprang in den Einkaufswagen.

Die Mutter legte ein paar Socken neben die Kartoffeln und sagte: „Da sitzt ja ein Bär!"

„Er will mitkommen!" sagte Peter.

„Das geht nicht!" antwortete die Mutter.

Der kleine Bär mußte in den Käfig zurück. Er hing oben

am Gitter und winkte Peter nach. Die Mutter und Peter fuhren mit dem Einkaufswagen um eine Ecke und kamen in einen Gang voll bunter Flaschen. In den Flaschen war Himbeersaft und Grapefruitsaft und Bitter-Lemon und Pfirsichsaft und Heidelbeersaft.

Der kleine Bär winkte und winkte. Als er Peter nicht mehr sehen konnte, beugte er sich weit aus dem Korb, und dabei purzelte er hinunter. Er tat sich nicht weh, denn er hatte einen weichen Pelz und war gut ausgestopft. Aber es kamen viele Füße daher, und Einkaufswagen kamen gerollt, und der kleine Bär bekam Angst und versteckte sich hinter einem Dosenturm.

Der Dosenturm war sehr hoch.

Vielleicht kann ich von ganz oben den Peter noch einmal sehen, dachte der kleine Bär, und er begann den Dosenturm hinaufzuklettern.

Er kletterte und kletterte und kletterte.

Er war beinahe schon oben, da gab's ein lautes Gepolter, und der Dosenturm stürzte zusammen. Eine Dose stieß an eine Flasche Heidelbeersaft. Die Flasche sprang hinunter und zerbrach. Der kleine Bär plumpste in den Heidelbeersee.

Die Leute im Supermarkt hörten das Gepolter und kamen gelaufen. Da stand ein kleiner Teddybär in einem Heidelbeersee und zupfte sich Glassplitter aus dem Pelz. Auch Peter kam gelaufen.

„Mein Bär!" schrie er. „Hast du dir weh getan?"

„Nein", sagte der Heidelbeerbär. „Mein Pelz ist dick!"

„Komm!" rief die Mutter.

Peter nahm den Bären an der Pfote, und sie gingen der Mutter nach. Der Bär machte lauter blaue Heidelbeersaftschritte.

Die Kassiererin sah den kleinen Bären an Peters Hand und sagte: „Du hast ein Preisschild am Ohr. Warum sitzt du nicht im Einkaufswagen, wie es sich gehört? Du bist ein Supermarktbär. Du darfst nicht weiter mitgehen, wenn du nicht bezahlt wirst."

Der kleine Bär weinte blaue Heidelbeertränen.

„Mutter", sagte Peter. „Darf er wirklich nicht mitgehen? Schau, er kränkt sich so."

„Er darf mitgehen", sagte die Mutter. „Aber so ein Heidelbeerbär kostet viel Geld. Wenn der Bär mitgeht, kann ich dir nichts mehr zum Geburtstag schenken!"

„Ich will nur den Heidelbeerbären!" sagte Peter.

Der kleine Heidelbeerbär umarmte Peter.

Peter umarmte den Heidelbeerbären.

„Jetzt müßt ihr alle zwei in die Badewanne", sagte die Mutter.

In der Badewanne war viel Schaum.

Der Schaum war heidelbeerblau.

Peter wurde sauber.

Der kleine Bär wurde lichtblau.   31

Die Mutter brachte zwei Handtücher.

Peter wurde trocken.

Der kleine Bär tropfte und tropfte. Er war ja auch innen voll Badewasser.

„Wir werden ihn auf einen Kleiderbügel setzen und ans Fenster hängen. Morgen früh ist er trocken!" sagte die Mutter.

„Warum ist der Bär noch immer blau und ich nicht?" fragte Peter.

„Von einem Kind kann man Heidelbeersaft herunterwaschen", sagte die Mutter. „Von einem Teddybären aber nicht."

Die Mutter setzte den Heidelbeerbären auf einen Kleiderbügel und hängte ihn ans offene Fenster. Dort schaukelte er im Wind. Peter konnte ihn von seinem Bett aus schaukeln sehen. Die Sterne kamen und der Mond.

„Da sitzt ja ein lichtblauer Bär auf dem Kleiderbügel", sagten die Sterne.

„Das ist ein Heidelbeerbär", sagte der Mond.

„Willst du zu uns heraufkommen?" riefen die Sterne.

„Bei uns wohnen schon zwei Bären, der Große Bär und der Kleine Bär, die sind aus lauter Sternen gemacht. Aber Heidelbeerbären haben wir noch keine. Willst du uns nicht besuchen? Du mußt nur ganz stark schaukeln und dann loslassen, und schon fliegst du zu uns herauf in den Himmel."

Der kleine Bär begann ganz stark zu schaukeln, und dann ließ er los, und schon flog er gegen den Himmel zu. Der leere Kleiderbügel schaukelte noch ein Weilchen alleine weiter, dann war er still.

Der kleine und der große Sternenbär warteten schon.

„Schön, daß du da bist, Heidelbeerbär!" brummte der große.

„Schön, daß du da bist!" quietschte der kleine.

Da nahmen der große und der kleine Sternenbär den Heidelbeerbären links und rechts an den Pfoten und spazierten mit ihm in den tiefen Himmel hinein. Der Sternenwind blies und brachte alle Sterne zum Klingeln.

Der Mond saß auf einer dunkelblauen Wiese und hütete Wolken. Ein paar leuchtende Bienen flogen herum.

„Stechen die oder bringen sie mir Honig?" fragte der kleine Heidelbeerbär.

Der kleine Sternenbär schlug mit den Pfoten nach den Bienen, und der große Sternenbär brummte: „Kümmer dich nicht um die, Heidelbeerbär, das sind keine Bienen, das sind Raketen. Kümmer dich nicht um sie, die machen keinen Honig!" Und sie gingen weiter.

Der Sternenwind blies und blies. Auf einmal mußte der kleine Heidelbeerbär niesen.

„Ist dir kalt, Heidelbeerbär?" fragten die zwei Sternenbären. „Du zitterst ja! Und dein Pelz ist ganz naß! Warum ist denn dein Pelz so naß?"

Aber der Heidelbeerbär konnte vor lauter Niesen nicht antworten.

Da führten die zwei Sternenbären den kleinen Heidelbeerbären bis an den Rand des Himmels.

Dort saß schon die Sonne.

„Komm zu mir, kleiner Bär, ich trockne dich!" sagte die Sonne. Und sie trocknete den kleinen Heidelbeerbären, bis kein Tropfen Wasser mehr in ihm war. Der kleine Heidelbeerbär war sehr froh.

„Jetzt erzähl uns, warum dein Pelz so naß war", sagten der große und der kleine Sternenbär, und auch die Sonne wollte es wissen.

Der kleine Heidelbeerbär saß auf dem Himmelsrand, ließ die Beine baumeln und brummte:

> *„Ich bin der kleine Heidelbeerbär*
> *und komme aus dem Heidelbeermeer.*
> *Alles andre erzähl ich euch später!*
> *Doch jetzt will ich wieder zum Peter!"*

Und er sprang vom Himmelsrand herunter durch Wolken und Sterne und immer tiefer und erwischte gerade noch den Kleiderbügel vor dem Fenster. Und der Kleiderbügel fing ganz heftig zu schaukeln an und schubste den kleinen Heidelbeerbären ins Zimmer hinein.

Der Bär landete auf Peters Bettdecke und verkroch sich sofort darunter und kuschelte sich neben den schlafenden Peter. Und er schlief auch gleich ein.

34

Und als sie beide am Morgen aufwachten, der Heidelbeerbär und Peter, da waren sie glücklich, weil sie einander wiederhatten.

Ursula Fuchs | Flohmarkt

„Justus, hast du denn immer noch nicht genug Zeitung gelesen?" fragt Bär.

Nein, Justus hat noch nicht genug gelesen. Obwohl er schon den ganzen Vormittag liest.

Ist das denn nicht langweilig?

Für Justus nicht. Es gibt da interessante Sachen in der Zeitung. Zum Beispiel, daß heute in der Stadt auf dem Königsplatz Flohmarkt ist.

Flohmarkt? Bär sitzt gleich bei Justus auf der Sessellehne.

„Werden auf dem Flohmarkt denn Flöhe verkauft?"

Natürlich nicht. Auf dem Flohmarkt können die Leute ihre alten Sachen verkaufen. Schuhe, Kleider, Bücher, Bilder, Fahrräder, Spiele.

„Prima." Bär freut sich. „Dann können wir ja auf den Flohmarkt gehen und uns die alten Sachen von den Leuten kaufen."

❖

Justus meint aber, sie haben selber genug altes Zeug. Sie können von ihren alten Sachen noch verkaufen.

Bär schaut sich um. Will Justus vielleicht das Sofa verkaufen? Oder den Sessel mit den Ohren, in dem sie sitzen?

Das will Justus nicht.

Aber auf dem Boden unterm Dach steht noch viel altes Gerümpel herum. Da können sie ja mal nachsehen. Bär und Justus stapfen die Treppe hoch.

Auf dem Boden ist es dämmrig. Die schmale Fensterluke läßt nicht viel Licht herein.

Bär hält sich an Justus' Hose fest.

Er soll doch mal die Lampe anmachen.

Eine Lampe gibt es da oben auf dem Boden nicht.

Aber eine Kiste. Die ist groß. Was da wohl drin ist?

Das weiß Justus auch nicht.

Er hebt den Deckel. Der knarrt.

„Kannst du was sehen?" flüstert Bär.

Sehen kann Justus nicht. Nur fühlen. Was fühlt er denn?

Etwas Weiches!

„Was Weiches? Sind da vielleicht faule Äpfel in der Kiste?"

Nein, nein. Das, was Justus fühlt, ist aus Fell. Es hat zwei Beine, zwei Arme, einen dicken Bauch, einen runden Kopf und zwei weiche, kleine Ohren.

„Das, das, das muß ein Bär sein", sagt Bär.

„Ja", sagt Justus. „Es ist mein Teddybär."

„Dein Teddybär?"

Ja, der Teddybär von früher. Als Justus kleiner war, hat er ihn immer mit ins Bett genommen. Das war sehr schön.

„Mich hast du aber noch nie mit ins Bett genommen",
sagt Bär.

Das stimmt nicht. Erst gestern hat er sich bei Justus die
kalten Füße unter der Decke gewärmt.

Na ja, gestern abend. – Ob denn noch mehr Teddys in
der Kiste sind?

Nein, Justus hatte nur den einen.

„Dann können wir ja gleich auf den Flohmarkt gehen
und den Teddy verkaufen", sagt Bär. Justus braucht ihn
doch nicht mehr. Weil Bär doch jetzt bei ihm ist.

Justus will aber noch nicht auf den Flohmarkt. Zuerst
muß die Kiste runter ins Wohnzimmer.

Die ist voll mit Spielzeug. Sein altes Spielzeug.

Bär und Justus schleppen die Kiste runter.

Kasperlepuppen sind in der Kiste, Autos, bunte Holz-
klötze, ein Puppenherd. Und Teddy.

Mit dem Teddy hat Justus, als er klein war, Vater und
Kind gespielt.

Justus war der Vater. Teddy das Kind.

Auf dem Puppenherd hat Justus Essen gekocht für
Teddy.

Manchmal auch Pfannekuchen, in der kleinen silbernen
Pfanne.

38   Die haben sie gegessen, von den weißen Tellerchen.

„Spielst du heute auch Vater und Kind mit mir?" fragt
Bär.

Wenn Bär möchte.

Ja, Bär möchte. Er ist der Vater, und er backt Pfanneku-
chen. Braune, knusprige Pfannekuchen. Für Justus mit
Äpfeln drauf. Für Bär mit Zimt und Zucker und für
Teddy mit Honig.

Bär füttert Teddy.

Der liegt später in seinen Armen und ist müde.

„Schlaf, Kindchen, schlaf", singt Bär und küßt den
Teddy mitten auf den Bauch.

Da brummt der Teddy.

„Kann er heute nacht bei mir im Bett schlafen?" fragt
Bär.

„Wolltest du ihn denn nicht ganz schnell auf dem
Flohmarkt verkaufen?" fragt Justus. Er sitzt auf dem
Teppich und baut mit den Klötzen einen Turm.

Verkaufen! Verkaufen will Bär den Teddy nicht mehr,
wo der doch jetzt sein Kind ist. Was Justus sich denkt!

„Aber vorhin auf dem Dachboden, da hast du ihn verkaufen wollen."

„Vorhin", sagt Bär. „Vorhin, da war ich ja auch noch
nicht sein Vater."

39

Leo Tolstoi | **Drei Bären**

Ein kleines Mädchen ging einmal von zu Hause fort in den Wald. Es verirrte sich im Walde und begann den Weg nach Hause zu suchen, fand ihn aber nicht. Da kam es zu einer Hütte. Die Tür war offen. Das Mädchen guckte hinein und sah: Niemand war zu Hause. Und so ging es hinein.

In diesem Häuschen wohnten drei Bären. Ein Bär war der Vater, und er hieß Michail Iwanowitsch. Er war sehr groß und zottig. Der andere war die Bärin, und sie wurde Nastaßja Petrowna genannt. Der dritte war ein kleines Bärenkind, und das rief man Mischutka.

Die Bären waren nicht zu Hause. Sie waren in den Wald spazierengegangen.

In der Hütte waren zwei Zimmer: eines war der Eßraum, das andere die Schlafkammer. Das Mädchen kam in den Eßraum und sah auf dem Tisch drei Schalen mit Suppe. Die erste Schüssel, sie war sehr groß, gehörte Michail Iwanowitsch. Die zweite Schale, ein wenig kleiner, gehörte Nastaßja Petrowna. Das dritte, blaue Schälchen gehörte Mischutka. Neben jeder Schüssel lag ein Löffel, ein großer, ein mittlerer und ein kleiner. Das Mädchen nahm den größten Löffel und tauchte ihn in die größte Schüssel. Dann nahm es den mittleren

Löffel und probierte aus der mittleren Schale. Dann nahm es den kleinsten Löffel und kostete aus dem blauen Schälchen, und Mischutkas Suppe schmeckte ihm am besten.

Nun wollte sich das Mädchen gern hinsetzen und erblickte am Tisch drei Stühle, einen großen, Michail Iwanowitschs Stuhl, einen kleineren, Nastaßja Petrownas, und einen dritten, der war ganz klein, und darauf lag ein kleines blaues Kissen. Dieser Stuhl gehörte Mischutka.

Das Mädchen kletterte auf den größten Stuhl – und fiel wieder herab. Dann setzte es sich auf den mittleren, aber der war ihm nicht bequem. Dann setzte es sich auf den kleinsten Stuhl und lachte – so gut paßte er. Es nahm das blaue Schälchen auf die Knie und fing an zu essen. Es aß die ganze Suppe auf, und dann fing es an, mit dem Stuhl zu schaukeln.

Der Stuhl ging entzwei, und das Mädchen fiel auf den Boden. Es stand auf, hob das Stühlchen auf und ging in die andere Kammer. Dort standen drei Betten, ein großes, das gehörte Michail Iwanowitsch, das zweite, mittlere gehörte Nastaßja Petrowna, und das dritte, ganz kleine gehörte Mischutka. Das Mädchen legte sich auf das größte Bett – das war ihm viel zu geräumig. Es legte sich ins mittlere – das war zu hoch. Es legte sich ins kleinste – dieses Bettchen paßte ihm so gut, daß das Mädchen sogleich einschlief.

Aber die Bären kamen hungrig nach Hause und wollten zu Mittag essen. Der große Bär nahm seine Schale, guckte hinein und brummte mit tiefer Stimme: „Wer hat aus meiner Schüssel gegessen?"

Nastaßja Petrowna guckte in ihre Schale und brummte nicht ganz so tief: „Wer hat aus meiner Schüssel gegessen?"

Mischutka sah in sein leeres Schälchen und brummelte mit seinem kleinen Stimmchen: „Wer hat aus meiner Schüssel gegessen und alles aufgegessen?"

Michail Iwanowitsch blickte auf seinen Stuhl und grollte mit tiefer Stimme: „Wer hat auf meinem Stuhl gesessen und ihn von seinem Platz gerückt?"

Nastaßja Petrowna sah ihren Stuhl und brummte nicht ganz so tief: „Wer hat auf meinem Stuhl gesessen und ihn von seinem Platz gerückt?"

Mischutka sah sein zerbrochenes Stühlchen und brummelte: „Wer hat auf meinem Stuhl gesessen und ihn ganz kaputtgemacht?"

Die Bären gingen in die andere Kammer.

„Wer hat auf meinem Bett gelegen und es ganz zerwühlt?" grollte Michail Iwanowitsch mit tiefer Stimme.

„Wer hat auf meinem Bett gelegen und es ganz zerwühlt?" brummte Nastaßja Petrowna nicht ganz so tief.

42 Und Mischutka stellte eine Fußbank an sein Bettchen, kletterte hinein und brummelte mit kleinem Stimmchen: „Wer hat in meinem Bett gelegen?..."

Plötzlich erblickte Mischutka das Mädchen und schrie, als ob er am Spieß steckte: „Hier ist es! Halt! Hier ist es! Halt! Halt!" Und er wollte es beißen.

Das Mädchen öffnete die Augen, erblickte die Bären und stürzte zum Fenster. Das Fenster war offen, das Mädchen sprang hinaus und lief fort. – Und die Bären haben es nicht erwischt.

Helme Heine | # Prinz Bär

Vor vielen, vielen Jahren, als die Märchen noch jung waren, steckte in jedem Bären ein Prinz und in jeder Prinzessin ein Bär.

War ein Bär es leid, als Fischer oder Jäger im Wald zu leben, stellte er sich an die Straße und wartete auf eine Prinzessin.

Sie hielt an. Er stieg zu ihr in die Kutsche, küßte sie und verwandelte sich in einen Prinzen. Gemeinsam fuhren sie auf das Schloß, wo er sich sehr verwöhnen ließ.

War eine Prinzessin es leid, im Schloß zu leben und immer lieb und brav zu sein, sattelte sie ihr Pferd und galoppierte in den Wald. Sie küßte den ersten besten Bären, verwandelte sich und kletterte auf die Bäume. Oder sie klaute Honig. Oder sie ging zum Schwimmen und Angeln.

So einfach war das Leben. Alle Bären und Prinzen und Prinzessinnen waren glücklich und zufrieden.

Eines Tages kamen Holzfäller in den Wald und hackten die schönsten Kletterbäume der Bären um. Straßen wurden gebaut. Es war sehr gefährlich, sie zu überqueren. Die Bären mußten Jagd- und Angelscheine machen. Sie fühlten sich nicht mehr wohl in ihrer Haut.

So war es kein Wunder, daß sie alle Prinz oder Prinzessin werden wollten.

Radelte eine Prinzessin in den Wald, um Pilze zu suchen, wurde sie andauernd von den Bären belästigt, die einen Kuß haben wollten. Es kam so weit, daß keine Prinzessin mehr allein ausgehen durfte.

Die Bären zogen vor die Burgen und Schlösser. Sie brummten laut und forderten Einlaß. Doch die Prinzen und Prinzessinnen, von denen es viel zu viele gab, weil keiner mehr Bär werden wollte, schrien ihnen zu, sie sollten abhauen!

Von Stund an konnte sich kein Bär mehr in einen Prinzen verwandeln und keine Prinzessin mehr in einen Bären – egal, wie lange sie sich küßten.

Winfried Wolf | **Warum** die **Eisbären** schwarze **Nasen** haben

Alle Eisbären sind weiß und leben in Eis und Schnee. Weit und breit ist nichts: kein Baum, kein Strauch, höchstens ein Eskimohaus, und das ist auch aus Schnee. Kein Wunder, daß es so einem Eisbären ab und zu langweilig wird.

Dann macht er sich auf die Suche.

Tagelang tapst er über endlos weite, weiße Flächen.

Wohin er auch schaut: alles ringsum ist weiß.

Doch irgendwann richtet sich der Eisbär plötzlich auf.

Er hat einen schwarzen Punkt gesehen!

Der Eisbär läuft, läuft, der schwarze Punkt kommt immer näher, er wird größer. Und dann steht der Eisbär endlich einer Eisbärin gegenüber! Die beiden brüllen vor lauter Begeisterung. Sie heben die mächtigen Tatzen und legen sie einander zärtlich auf die Schultern. Dann wiegen sich die beiden Eisbären sanft, als hörten sie eine geheimnisvolle Musik.

Und die großen Köpfe gehen hin und her.

46 Und aus der Ferne sieht man mitten im Weiß zwei schwarze Nasen tanzen.

Am Nordpol gibt es nur Eis und Schnee. Lars, dem kleinen Eisbären, gefiel das. Er liebte es, im Schnee herumzutollen, auf Eisberge zu klettern und wieder hinunterzurutschen.

Doch am liebsten lag Lars im Wasser und ließ sich von den Wellen treiben. So auch heute.

Nach den fröhlichen Spielen spürte Lars Hunger. Er wollte nach Hause. Als er dem Ufer zu schwamm, hielt ihn plötzlich etwas fest. Er kam nicht mehr vorwärts, wie sehr er sich auch anstrengte. Und bald konnte er nichts mehr sehen, denn rings um ihn waren Fische. Dann gab es einen Ruck.

Mit Hunderten von Fischen war Lars in einem großen Netz gefangen und in die Luft gehoben worden.

Das Netz wurde in den Bauch des Schiffes geleert. Lars zappelte wie wild, bis er über die zahllosen Fische hinwegschauen konnte. Wie kam er da bloß hinaus? Nirgends gab es eine Öffnung. Da entdeckte Lars eine Leiter und kletterte rasch hoch. Er lief einen dunklen Gang entlang. Endlich kam er zu einem kleinen runden Fenster. Er schaute hinaus: nichts als Wellen und dunkle Nacht. Lars sehnte sich nach Eis und Schnee, wo er zu Hause war.

Lars tappte weiter durch den Gang. Irgendwo mußte es doch einen Weg ins Freie geben! Endlich roch er frische Luft. Er rannte los, doch plötzlich raschelte etwas hinter ihm. Erschrocken drehte er sich um. Zwei leuchtende Augen starrten ihn an.

Lars rannte davon und versteckte sich an Deck. Da hörte er über sich eine freundliche Stimme: „Du mußt keine Angst haben vor mir. Ich bin Nemo, die Schiffskatze."

Lars sah ein Tier mit rotem Fell und einem langen Schwanz. Da verlor Lars alle Angst und setzte sich erleichtert hin.

„Ich bin Lars, der kleine Eisbär, und ich muß sofort nach Hause. Vater und Mutter machen sich Sorgen um mich", begann er und erzählte, wie er auf das Schiff gekommen war.

„So rasch wird das nicht möglich sein, Lars", antwortete die Katze. „Wir sind schon weit weg vom Nordpol. Aber mach dir keine Sorgen. Sobald wir im nächsten Hafen sind, treffen wir meine Freunde, die Schiffskatzen. Eine davon lebt sicher auf einem Schiff, das zum Nordpol fährt. Die wird dich bestimmt mitnehmen. Aber jetzt versteckst du dich besser. Es darf dich hier niemand sehen."

Erst als es finstere Nacht war, kroch Lars wieder an Deck. Zusammen schauten sie über das endlose Wasser. Sie erzählten einander aus ihrem Leben. Bald schlief Lars neben Nemo ein.

Eines Nachts entdeckte Lars plötzlich viele kleine Lichter am Horizont.

„Das ist der Hafen", sagte Nemo.

Noch in derselben Nacht schlichen sie über den Laufsteg an Land. Es war totenstill.

„Hoffentlich sieht uns niemand", flüsterte Nemo besorgt. Doch Lars verstand ihn nicht, sein Herz pochte viel zu laut vor Aufregung.

Lars und Nemo gingen am Ufer entlang. Puh, wie war das Wasser hier schmutzig! Da wollte Lars lieber nicht drin schwimmen. Leise schlichen sie durch die Gassen und Hinterhöfe. Auch Lars war bald dreckig. Wehmütig dachte er an sein weißes Zuhause.

Lars ging hinter Nemo her. Es war nicht leicht für ihn, der Katze zu folgen, denn sie mußten viele Hindernisse überwinden. Noch nie zuvor war Lars auf einer Mauer gegangen!

„Wir sind da", sagte Nemo plötzlich und sprang voraus. Lars zögerte. Aus dem Dunkel schauten ihn so viele funkelnde Augen an.

„Komm, Lars, hab keine Angst. Meine Freunde tun dir nichts", rief Nemo. Als Lars näher kam, sah er sich einer ganzen Menge Schiffskatzen gegenüber. Sie schauten ihn neugierig an. Keine hatte je einen Eisbären gesehen.

Nemo erzählte seinen Freunden nun von Lars' ungewolltem Abenteuer. „Lars möchte ganz schnell wieder nach Hause an den Nordpol. Wer von euch fährt dorthin?" Eine schwarzweiße Katze meldete sich.

„Oh, Johnny, das ist fein", sagte Nemo.

Jetzt, da es auf die Heimreise ging, rannte Lars übermütig voraus. Auf einer breiten Straße wurde er von einem Lastwagen erschreckt. Von nun an lief Lars schön hinter den Katzen her.

„Lieber Nemo, leb wohl!" sagte Lars traurig, als sie beim Schiff angelangt waren.

„Komm schnell", unterbrach Johnny, „sonst sieht dich jemand, und dann kommst du nie an deinen Nordpol!"

Lars rannte los. Doch mitten auf der Laufplanke drehte er sich noch einmal um und blickte zu Nemo hinunter:

„Leb wohl, Nemo!"

Er hörte nur noch ein trauriges „Miau!"

Jede Nacht stand Lars an der Reling und hielt Ausschau nach Land. Endlich, nach drei Tagen, sah er einen weißen Streifen am Horizont. Dieser wurde immer größer.

„Johnny, schau! Schnee und Eis! Da bin ich zu Hause!" rief Lars freudig. „So weiß sah ich früher aus!" fügte er lachend hinzu.

Als das Schiff Anker warf, wurde Lars ganz zappelig.

„Ich werde hinunterspringen und an Land schwimmen", meinte er. Aber Johnny riet ihm, an der Ankerkette hinunterzugleiten und keinen Lärm zu machen.

„Ade, Johnny, und vielen Dank!" rief Lars, als er über die Reling kletterte. Dann rutschte er hinunter ins Wasser und schwamm vergnügt dem Ufer zu.

Das Meerwasser wusch Lars wieder weiß. Fröhlich jagte er durch den Schnee nach Hause.

„Vater! Mutter! Ich bin's, ich bin zurück!" rief er von weitem und rannte direkt in Mutter Eisbärs Arme. Aufgeregt erzählte er von seiner ungewollten Reise auf dem Schiff und von Nemo.

„Schaut, so sieht Nemo aus", lachte Lars und stellte sich wie eine Katze vor die staunenden Eltern.

Diese Nacht schliefen sie alle drei dicht beisammen.

Lars nahm seine fröhlichen Spiele bald wieder auf. Doch Vater Eisbär sah ihn oft am Rand des Eises sitzen und aufs Meer hinausblicken.

„Nach was hältst du Ausschau?"

„Nach einem Schiff und einem Freund", sagte Lars und lächelte.

Pu stattet einen Besuch ab

Eduard Bär, seinen Freunden als Winnie-der-Pu bekannt, spazierte eines Tages, stolz vor sich hin summend, durch den Wald. Er hatte sich heute morgen eine kleine Melodie ausgedacht, während er vor dem Spiegel seine Gymnastikübungen machte: „Tra-la-la, tra-la-la", als er sich so hoch wie möglich aufreckte, und dann: „Tra-la-la, tra-la-ach, hopp-la", als er versuchte, mit ausgestreckten Armen seine Zehenspitzen zu berühren. Nach dem Frühstück wiederholte er das Gedudel immer wieder, bis er es schließlich auswendig konnte, und nun summte er es von Anfang bis zu Ende fehlerlos vor sich hin:

> „Tra-la-la, tra-la-la,
> tra-la-la, tra-la-la,
> rum-tum, tiedel-tum.
> Tiedel-tiedel, tiedel-tiedel,
> tiedel-tiedel, tiedel-tiedel
> rum-tum-tum-tiedel-tum."

Vergnügt spazierte er dabei durch den Wald und sann darüber nach, was seine Freunde wohl tun würden und was für ein Gefühl es wäre, auf einmal irgend jemand anderes zu sein, als er plötzlich zu einem Sandhügel kam, in dem sich ein großes Loch befand.

53

„Aha!" rief Pu. „Rum-tum-tiedel-tum-tum – Wenn ich etwas über etwas weiß, bedeutet dieses Loch Kaninchen, und Kaninchen bedeutet etwas zu essen und meinem Summen zuhören und so weiter. Rum-tum-tum-tiedel-tum."

Er beugte sich hinunter, steckte seinen Kopf in das Loch und rief: „Ist jemand zu Hause?"

Innen ertönte ein scharrendes Geräusch, aber dann war alles still. „Ich habe gefragt: Ist jemand zu Hause?" rief Pu sehr laut.

„Nein", antwortete eine Stimme und fügte dann hinzu: „Du brauchst nicht so laut zu schreien, ich habe dich schon das erste Mal sehr gut verstanden."

„Wie dumm", rief Pu. „Ist denn wirklich niemand da?"

„Nein. Niemand."

Winnie-der-Pu zog seinen Kopf zurück. Er dachte etwas nach und sagte dann zu sich selbst: „Jemand muß aber doch da sein, denn jemand hat schließlich ‚niemand' gesagt." Er steckte also seinen Kopf abermals in das Loch und rief: „Hallo, Kaninchen, bist du es?"

„Nein", sagte Kaninchen, diesmal mit einer anderen Stimme.

„Aber ist das nicht die Stimme von Kaninchen?"

„Ich glaube nicht", antwortete Kaninchen. „Wenigstens soll sie es nicht sein."

„Ach so!" rief Pu.

Er zog seinen Kopf heraus und dachte noch einmal nach,

steckte ihn dann wieder hinein und bat: „Würden Sie vielleicht so freundlich sein und mir sagen, wo Kaninchen ist?"

„Es ist zu Pu dem Bären gegangen, mit dem es sehr befreundet ist."

„Aber das bin doch ich!" rief Pu sehr erstaunt.

„Was für ein Ich?"

„Pu der Bär."

„Wissen Sie das auch ganz genau?" fragte Kaninchen noch erstaunter.

„Ja, ganz genau", versicherte Pu.

„Dann komm herein."

Pu zwängte sich durch das Loch und kam schließlich hinein.

„Du hast recht", sagte Kaninchen und betrachtete ihn. „Du bist es wirklich. Freut mich, dich zu sehen."

„Was hast du denn gedacht, wer es wäre?"

„Ich war mir nicht ganz sicher. Du weißt doch: Im Wald darf man nicht jeden ins Haus lassen, man muß vorsichtig sein. Wie denkst du über einen kleinen Mundvoll?"

Pu liebte um elf Uhr vormittags immer einen kleinen Mundvoll und freute sich, als Kaninchen Teller und Schüsseln auf den Tisch setzte und sich erkundigte: „Willst du Honig oder süße Sahne aufs Brot?"

Pu wurde so aufgeregt, daß er „beides" sagte und dann, um nicht allzu gierig zu erscheinen, noch hinzufügte:

„Aber wegen des Brotes brauchst du dich nicht zu bemühen." Und danach verstummte er für eine ganze Weile…, bis er mit ziemlich erstickter Stimme zu summen begann, aufstand, Kaninchen liebevoll die Pfote schüttelte und erklärte, daß er jetzt weitergehen müsse.

„Mußt du wirklich schon gehen?" fragte Kaninchen höflich.

„Nun", antwortete Pu, „ich könnte noch etwas länger bleiben, wenn es… wenn du…" Und er starrte auf die Speisekammer.

„Ich wollte eigentlich auch gerade fortgehen", sagte Kaninchen.

„So, dann will ich mich doch auf den Weg machen. Auf Wiedersehen!"

„Auf Wiedersehen! Möchtest du auch wirklich nicht noch etwas haben?"

„Gibt es denn noch etwas?" fragte Pu schnell.

Kaninchen hob die Deckel von den Schüsseln. „Nein, es ist nichts mehr da."

„Das habe ich mir gedacht", murmelte Pu und nickte vor sich hin. „Also auf Wiedersehen, ich muß jetzt weiter."

Er begann aus dem Loch hinauszuklettern, zog sich mit den Vorderpfoten hinauf und stieß sich mit den Hinterpfoten ab, und nach einer kleinen Weile steckte er seine Schnauze ins Freie… dann seine Ohren… dann seine Vorderpfoten… dann seine Schultern… und dann…

„Hilfe!" rief Pu. „Ich glaube, ich muß wieder zurück-
kriechen!"

„Verflixt!" jammerte Pu. „Ich muß hinaus."

„Ach – ich kann keins von beiden", rief Pu. „Verwünschte Geschichte!"

Kaninchen wollte jetzt auch spazierengehen, und da
seine Vordertür verstopft war, ging es zur Hintertür
hinaus, kam zu Pu und betrachtete ihn.

„Hallo! Steckengeblieben?" fragte es.

„N-nein", sagte Pu, „ich ruhe mich bloß ein bißchen
aus und summe vor mich hin."

„Gib mir doch einmal deine Pfote."

Pu streckte eine Pfote aus, und Kaninchen zog und zog
und zog daran. „Au!" rief Pu. „Du tust mir ja weh!"

„Du bist steckengeblieben", stellte Kaninchen fest.

„Das kommt davon, wenn bei Leuten die Vordertür
nicht groß genug ist", brummte Pu ärgerlich.

„Das kommt davon, wenn Leute zuviel essen", erklärte
Kaninchen streng. „Ich habe es mir gleich gedacht, aber
ich habe nicht sagen wollen, daß einer von uns beiden
zuviel ißt, denn ich habe es nicht getan. Ich werde jetzt
Christoph Robin holen."

Christoph Robin wohnte am anderen Ende des Waldes.
Als er mit Kaninchen zurückkam und Pus Vorderteil
sah, sagte er mit einer so liebevollen Stimme „dummer
alter Bär", daß sich jedes Herz sofort wieder mit Hoff-
nung füllte.

„Mir ist gerade eingefallen, daß Kaninchen vielleicht nie wieder seine Vordertür wird benutzen können", meinte Pu und schnüffelte leicht. „Und das würde mir höchst peinlich sein."

„Mir auch", sagte Kaninchen.

„Seine Vordertür nie wieder benutzen?" fragte Christoph Robin. „Natürlich wird es seine Vordertür wieder benutzen. Wenn wir dich nicht herausziehen können, Pu, werden wir dich vielleicht wieder zurückstoßen müssen."

Kaninchen kratzte sich nachdenklich seinen Backenbart und wies darauf hin, daß Pu, wenn er einmal zurückgestoßen wäre, unter der Erde bleiben würde, und obgleich natürlich niemand glücklicher wäre als Kaninchen, Pu bei sich zu sehen, so müßte es doch darauf hinweisen, daß manche Leute auf Bäumen und manche unter der Erde lebten.

„Du meinst, ich würde nie wieder herauskommen?" fragte Pu.

„Ich meine", antwortete Kaninchen, „wo du schon so weit gekommen bist, wäre es schade, dieses Stück Weg zu verschwenden."

Christoph Robin nickte.

„Wir können nichts anderes tun", stellte er fest, „als warten, bis du dünner geworden bist."

„Wie lange dauert Dünnerwerden?" fragte Pu ängstlich.

„Ungefähr eine Woche."

„Aber ich kann doch nicht eine Woche hier bleiben."

„Eine Woche kannst du ruhig hier bleiben, dummer dicker Bär. Dich herauszuziehen ist zu schwer."

„Wir werden dir etwas vorlesen", versprach Kaninchen aufmunternd. „Hoffentlich schneit es nicht", fügte es hinzu. „Und da du alter Bursche einen guten Teil meiner Wohnung einnimmst, hast du wohl nichts dagegen, wenn ich deine Hinterfüße als Handtuchhalter gebrauche? Ich meine, sie sind nun einmal da und tun nichts, und es wäre mir sehr angenehm, wenn ich Tücher auf ihnen trocknen könnte."

„Eine Woche", murmelte Pu düster. „Was werde ich zu essen bekommen?"

„Ich fürchte, nichts", sagte Christoph Robin. „Du wirst dann schneller dünn. Aber wir werden dir bestimmt vorlesen."

Pu wollte seufzen, aber da merkte er, daß er gar nicht seufzen konnte, weil er so fest eingeklemmt war. Eine Träne rollte ihm die Wange hinunter, als er sagte: „Dann mußt du mir aber ein sehr spannendes Buch vorlesen, eines, das einen steckengebliebenen Bären in seiner großen Klemme tröstet."

Eine Woche lang las Christoph Robin Pus Nordende so ein unterhaltendes Buch vor, und Kaninchen hängte seine Wäsche an Pus Südende auf, und zwischen den beiden Teilen fühlte sich der Bär immer schlanker und schlanker werden. Am letzten Tag der Woche sagte Christoph Robin: „Jetzt!"

Er nahm Pus Vorderpfoten, und Kaninchen hielt sich an Christoph Robin fest, und alle Kaninchenfreunde und -verwandten klammerten sich an Kaninchen und zogen mit vereinten Kräften.

Eine Zeitlang sagte Pu nur „au" und immer wieder „au". Aber plötzlich knallte es „plopp", als ob ein Kork aus einer Flasche flöge. Christoph Robin und Kaninchen und alle Kaninchenfreunde und -verwandten fielen Hals über Kopf rückwärts, und oben auf ihnen lag der befreite Winnie-der-Pu.

Mit einem dankbaren Kopfnicken für seine Freunde setzte er seinen Spaziergang durch den Wald fort und summte stolz vor sich hin.

Christoph Robin sah ihm liebevoll nach und murmelte: „Dummer alter Bär."

Brüder Grimm | # Schneeweißchen und Rosenrot

Eine arme Witwe lebte einsam in einem Hüttchen, und vor dem Hüttchen war ein Garten, darin standen zwei Rosenbäumchen, davon trug das eine weiße, das andere rote Rosen. Und sie hatte zwei Kinder, die glichen den beiden Rosenbäumchen, und das eine hieß Schneeweißchen, das andere Rosenrot. Sie waren aber so fromm und gut, so arbeitsam und unverdrossen, als je zwei Kinder auf der Welt gewesen sind. Schneeweißchen war nur stiller und sanfter als Rosenrot. Rosenrot sprang lieber in den Wiesen und Feldern umher, suchte Blumen und fing Sommervögel. Schneeweißchen aber saß daheim bei der Mutter, half ihr im Hauswesen oder las ihr vor, wenn nichts zu tun war.

Die beiden Kinder hatten einander so lieb, daß sie sich immer an den Händen faßten, sooft sie zusammen ausgingen. Und wenn Schneeweißchen sagte: „Wir wollen uns nicht verlassen", so antwortete Rosenrot: „Solange wir leben nicht." Und die Mutter setzte hinzu: „Was das eine hat, soll's mit dem andern teilen."

Oft liefen sie im Walde umher und sammelten Beeren, aber kein Tier tat ihnen etwas zuleid, sondern sie kamen vertraulich herbei. Das Häschen fraß ein Kohlblatt aus ihren Händen, das Reh graste an ihrer Seite, der Hirsch sprang ganz lustig vorbei, und die Vögel blieben auf den

Ästen sitzen und sangen. Kein Unfall traf sie; wenn sie sich im Walde verspätet hatten und die Nacht sie überfiel, so legten sie sich nebeneinander auf das Moos und schliefen, bis der Morgen kam, und die Mutter wußte das und hatte ihretwegen keine Sorge.

Einmal, als sie im Walde übernachtet hatten und das Morgenrot sie aufweckte, da sahen sie ein schönes Kind in einem weißen Kleidchen neben ihrem Lager sitzen. Es stand auf und blickte sie freundlich an, sprach aber nichts und ging in den Wald hinein. Und als sie sich umsahen, so hatten sie ganz nahe bei einem Abgrunde geschlafen und wären gewiß hineingefallen, wenn sie in der Dunkelheit noch ein paar Schritte weitergegangen wären. Die Mutter aber sagte ihnen, das müßte der Engel gewesen sein, der gute Kinder bewache.

Schneeweißchen und Rosenrot hielten das Hüttchen der Mutter so reinlich, daß es eine Freude war. Im Sommer besorgte Rosenrot das Haus und stellte der Mutter jeden Morgen, ehe sie aufwachte, einen Blumenstrauß vors Bett, darin war von jedem Bäumchen eine Rose. Im Winter zündete Schneeweißchen das Feuer an und hing den Kessel an den Feuerhaken, und der Kessel war von Messing, glänzte aber wie Gold, so rein war er gescheuert. Abends, wenn die Flocken fielen, sagte die Mutter: „Geh, Schneeweißchen, und schieb den Riegel vor", und dann setzten sie sich an den Herd, und die Mutter nahm die Brille und las aus einem großen Buch vor, und die beiden Mädchen hörten zu und spannen; neben ihnen lag ein Lämmchen auf dem Boden, und hinter ihnen auf einer Stange saß ein weißes Täubchen und hatte seinen Kopf unter die Flügel gesteckt.

Eines Abends, als sie so vertraulich beisammensaßen, klopfte jemand an die Tür, als wollte er eingelassen werden. Die Mutter sprach: „Geschwind, Rosenrot, mach auf, es wird ein Wanderer sein, der Obdach sucht." Rosenrot ging und schob den Riegel weg und dachte, es wäre ein armer Mann, aber der war es nicht, es war ein Bär, der seinen dicken, schwarzen Kopf zur Tür hereinsteckte. Rosenrot schrie laut und sprang zurück; das Lämmchen blökte, das Täubchen flatterte auf, und Schneeweißchen versteckte sich hinter der Mutter Bett. Der Bär aber fing an zu sprechen und sagte: „Fürchtet euch nicht, ich tue euch nichts zuleid, ich bin halb erfroren und will mich nur ein wenig bei euch wärmen."

„Du armer Bär", sprach die Mutter, „leg dich ans Feuer und gib nur acht, daß dir dein Pelz nicht brennt." Dann rief sie: „Schneeweißchen, Rosenrot, kommt hervor, der Bär tut euch nichts, er meint's ehrlich." Da kamen sie beide heran, und nach und nach näherten sich auch das Lämmchen und Täubchen und hatten keine Furcht. Der Bär sprach: „Ihr Kinder, klopft mir den Schnee ein wenig aus dem Pelzwerk", und sie holten den Besen und kehrten dem Bären das Fell rein; er aber streckte sich ans Feuer und brummte ganz vergnügt und behaglich.

Nicht lange, so wurden sie ganz vertraut und trieben Mutwillen mit dem unbeholfenen Gast. Sie zausten ihm das Fell mit den Händen, setzten ihre Füßchen auf seinen Rücken und walgerten ihn hin und her, oder sie nahmen eine Haselrute und schlugen auf ihn los, und wenn er brummte, so lachten sie. Der Bär ließ sich's gerne gefallen, nur wenn sie's zu arg machten, rief er:

> „Laßt mich am Leben, ihr Kinder:
> Schneeweißchen, Rosenrot,
> schlägst dir den Freier tot."

Als Schlafenszeit war und die andern zu Bett gingen, sagte die Mutter zu dem Bären: „Du kannst da am Herd liegenbleiben, so bist du vor der Kälte und dem bösen Wetter geschützt." Sobald der Tag graute, ließen ihn die Kinder hinaus, und er trabte durch den Schnee in den Wald hinein.

Von nun an kam der Bär jeden Abend zu der bestimmten Stunde, legte sich an den Herd und erlaubte den Kindern, Kurzweil mit ihm zu treiben, soviel sie wollten; und sie waren so gewöhnt an ihn, daß die Tür nicht eher zugeriegelt ward, bis der schwarze Gesell angelangt war.

Als das Frühjahr herangekommen und draußen alles grün war, sagte der Bär eines Morgens zu Schneeweißchen: „Nun muß ich fort und darf den ganzen Sommer nicht wiederkommen."

„Wo gehst du denn hin, lieber Bär?" fragte Schneeweißchen.

„Ich muß in den Wald und meine Schätze vor den bösen Zwergen hüten. Im Winter, wenn die Erde hart gefroren ist, müssen sie wohl unten bleiben und können sich nicht durcharbeiten, aber jetzt, wenn die Sonne die Erde aufgetaut hat, da steigen sie herauf, suchen und stehlen; was einmal in ihren Händen ist und in ihren Höhlen liegt, das kommt so leicht nicht wieder an des Tages Licht."

Schneeweißchen war ganz traurig über den Abschied, und als es ihm die Tür aufriegelte und der Bär sich hinausdrängte, blieb er an dem Türhaken hängen, und ein Stück seiner Haut riß auf, und da war es Schneeweißchen, als hätte es Gold durchschimmern sehen, aber es war seiner Sache nicht gewiß. Der Bär lief eilig fort und war bald verschwunden.

Nach einiger Zeit schickte die Mutter die Kinder in den Wald, Reisig zu sammeln. Da fanden sie draußen einen großen Baum, der lag gefällt auf dem Boden, und an dem Stamme sprang zwischen dem Gras etwas auf und ab, sie konnten aber nicht unterscheiden, was es war. Als sie näher kamen, sahen sie einen Zwerg mit einem alten, verwelkten Gesicht und einem ellenlangen, schneeweißen Bart. Das Ende des Bartes war in eine Spalte des Baumes eingeklemmt, und der Kleine sprang hin und her wie ein Hündchen an einem Seil und wußte nicht, wie er sich helfen sollte. Er glotzte die Mädchen mit seinen roten, feurigen Augen an und schrie: „Was steht ihr da! Könnt ihr nicht herbeigehen und mir Beistand leisten?"

„Was hast du angefangen, kleines Männchen?" fragte Rosenrot.

„Dumme, neugierige Gans", antwortete der Zwerg, „den Baum habe ich mir spalten wollen, um kleines Holz in der Küche zu haben; bei den dicken Klötzen verbrennt gleich das bißchen Speise, das unsereiner braucht, der nicht soviel hinunterschlingt wie ihr grobes, gieriges Volk. Ich hatte den Keil schon glücklich hineingetrieben, und es wäre alles nach Wunsch gegangen, aber das verwünschte Holz war zu glatt und sprang unversehens heraus, und der Baum fuhr so geschwind zusammen, daß ich meinen schönen, weißen Bart nicht mehr herausziehen konnte; nun steckt er drin, und ich kann nicht fort. Da lachen die albernen, glatten Milchgesichter! Pfui, was seid ihr garstig!"

Die Kinder gaben sich alle Mühe, aber sie konnten den Bart nicht herausziehen, er steckte zu fest. „Ich will laufen und Leute herbeiholen", sagte Rosenrot.

„Wahnsinnige Schafsköpfe", schnarrte der Zwerg, „wer wird gleich Leute herbeirufen, ihr seid mir schon um zwei zuviel; fällt euch nichts Besseres ein?"

„Sei nur nicht ungeduldig", sagte Schneeweißchen, „ich will schon Rat schaffen", holte sein Scherchen aus der Tasche und schnitt das Ende des Bartes ab. Sobald der Zwerg sich frei fühlte, griff er nach einem Sack, der zwischen den Wurzeln des Baumes steckte und mit Gold gefüllt war, hob ihn heraus und brummte vor sich hin: „Ungehobeltes Volk, schneidet mir ein Stück von meinem stolzen Barte ab! Lohn's euch der Kuckuck!" Damit schwang er seinen Sack auf den Rücken und ging fort, ohne die Kinder nur noch einmal anzusehen.

Einige Zeit danach wollten Schneeweißchen und Rosenrot ein Gericht Fische angeln. Als sie nahe bei dem Bach waren, sahen sie, daß etwas wie eine große Heuschrecke nach dem Wasser zu hüpfte, als wollte es hineinspringen. Sie liefen heran und erkannten den Zwerg.

„Wo willst du hin?" sagte Rosenrot, „du willst doch nicht ins Wasser?"

„Solch ein Narr bin ich nicht", schrie der Zwerg, „seht ihr nicht? Der verwünschte Fisch will mich hineinziehen!"

Der Kleine hatte dagesessen und geangelt, und unglücklicherweise hatte der Wind seinen Bart mit der Angelschnur verflochten. Als gleich darauf ein großer Fisch anbiß, fehlten dem schwachen Geschöpf die Kräfte, ihn herauszuziehen, der Fisch behielt die Oberhand und riß den Zwerg zu sich hin. Zwar hielt er sich an allen Halmen und Binsen, aber das half nicht viel, und er war in beständiger Gefahr, ins Wasser gezogen zu werden. Die Mädchen kamen zu rechter Zeit, hielten ihn fest und versuchten, den Bart von der Schnur loszumachen, aber vergebens. Bart und Schnur waren fest ineinander verwirrt. Es blieb nichts übrig, als das Scherchen hervorzuholen und den Bart abzuschneiden, wobei ein kleiner Teil desselben verlorenging. Als der Zwerg das sah, schrie er sie an: „Ist das Manier, ihr Lorche, einem das Gesicht zu schänden? Nicht genug, daß ihr mir den Bart unten abgestutzt habt, jetzt schneidet ihr mir den besten Teil davon ab, ich darf mich vor den Meinigen gar nicht sehen lassen. Daß ihr laufen müßtet und die Schuhsohlen verloren hättet!" Dann holte er einen Sack Perlen, der im Schilfe lag, und ohne noch etwas zu sagen, verschwand er damit hinter einem Stein.

Es trug sich zu, daß bald hernach die Mutter die beiden Mädchen nach der Stadt schickte, Zwirn, Nadeln, Schnüre und Bänder einzukaufen. Der Weg führte sie über eine Heide, auf der hier und da mächtige Felsenstücke verstreut lagen. Da sahen sie einen großen Vogel in der Luft schweben, der langsam über ihnen kreiste, sich immer tiefer herabsenkte und endlich nicht weit bei einem Felsen niederstieß. Gleich darauf hörten sie einen durchdringenden, jämmerlichen Schrei. Sie liefen herzu und sahen mit Schrecken, daß der Adler ihren alten Bekannten, den Zwerg, gepackt hatte und ihn forttragen wollte. Die mitleidigen Kinder hielten das Männchen fest und zerrten sich so lange mit dem Adler herum, bis er seine Beute fahrenließ.

69

Als der Zwerg sich von dem Schrecken erholt hatte, schrie er mit seiner kreischenden Stimme: „Konntet ihr nicht säuberlicher mit mir umgehen? Gerissen habt ihr an meinem dünnen Röckchen, daß es überall zerfetzt und durchlöchert ist, unbeholfenes und täppisches Gesindel, das ihr seid!"

Dann nahm er einen Sack mit Edelsteinen und schlüpfte wieder in seine Höhle. Die Mädchen waren an seinen Undank schon gewöhnt, setzten ihren Weg fort und verrichteten ihr Geschäft in der Stadt. Als sie beim Heimweg wieder auf die Heide kamen, überraschten sie den Zwerg, der auf einem reinlichen Plätzchen seinen Sack mit Edelsteinen ausgeschüttet und nicht gedacht hatte, daß so spät noch jemand daherkommen würde. Die Abendsonne schien über die glänzenden Steine, sie schimmerten und leuchteten so prächtig in allen Farben, daß die Kinder stehenblieben und sie betrachteten. „Was steht ihr da und habt Maulaffen feil?" schrie der Zwerg, und sein aschgraues Gesicht ward zinnoberrot vor Zorn. Er wollte mit seinen Scheltworten fortfahren, als sich ein lautes Brummen hören ließ und ein schwarzer Bär aus dem Walde herbeitrabte. Erschrocken sprang der Zwerg auf, aber er konnte nicht mehr zu seinem Schlupfwinkel gelangen, der Bär war schon in seiner Nähe. Da rief er in Herzensangst: „Lieber Herr Bär, verschont mich, ich will Euch alle meine Schätze geben, sehet, die schönen Edelsteine, die da liegen. Schenkt mir

das Leben, was habt Ihr an mir kleinem, schmächtigem Kerl? Ihr spürt mich nicht zwischen den Zähnen; da, die beiden gottlosen Mädchen packt, das sind für Euch zarte Bissen, die freßt in Gottes Namen."

Der Bär kümmerte sich um seine Worte nicht, gab dem boshaften Geschöpf einen Schlag mit der Tatze, und es regte sich nicht mehr.

Die Mädchen waren fortgesprungen, aber der Bär rief ihnen nach: „Schneeweißchen und Rosenrot, fürchtet euch nicht, wartet, ich will mit euch gehen."

Da erkannten sie seine Stimme und blieben stehen, und als der Bär bei ihnen war, fiel plötzlich die Bärenhaut ab, und er stand da als ein schöner Mann, ganz in Gold gekleidet.

„Ich bin eines Königs Sohn", sprach er, „und war von dem gottlosen Zwerg, der mir meine Schätze gestohlen hatte, verwünscht, als ein wilder Bär in dem Walde zu laufen, bis ich durch seinen Tod erlöst würde. Jetzt hat er seine wohlverdiente Strafe empfangen."

Schneeweißchen ward mit ihm vermählt und Rosenrot mit seinem Bruder, und sie teilten die großen Schätze miteinander, die der Zwerg in seiner Höhle zusammengetragen hatte. Die alte Mutter lebte noch lange Jahre glücklich bei ihren Kindern. Die zwei Rosenbäumchen aber nahm sie mit, und sie standen vor ihrem Fenster und trugen jedes Jahr die schönsten Rosen, weiß und rot.

Frank Asch / Gina Ruck-Pauquèt | **Der kleine Mondbär**

Einmal, in einer Nacht, fühlte sich der kleine Bär einsam. Er ging hinaus und schaute zum Himmel empor. Da sah er den Mond. Er hatte ihn nie zuvor wahrgenommen. Und in dieser ganz besonderen Nacht verliebte sich der kleine Bär in den Mond.

Von da ab stand der kleine Bär jeden Abend auf der Stufe vor seinem Haus und blickte zum Mond hinauf. Der Mond sah schön aus, und der kleine Bär bewunderte ihn sehr.

Als der kleine Bär aber merkte, daß der Mond sich veränderte, begann er sich Sorgen zu machen. Er kaufte sich eine Brille, um besser sehen zu können. Es stimmte: Der Mond wurde kleiner!

Der kleine Bär war beunruhigt. Jede Nacht war ein bißchen weniger vom Mond zu sehen. Würde er eines Tages ganz verschwunden sein? Vielleicht braucht der Mond Hilfe, dachte der kleine Bär. Ich müßte versuchen, ganz nahe an ihn heranzukommen.

Er kletterte auf das Dach seines Hauses und streckte sich, so sehr er konnte.

Doch anstatt den Mond zu erreichen, rutschte der kleine Bär aus und fiel herunter.

73

Zum Glück konnte der Doktor im Krankenhaus den kleinen Bären wieder gesund machen.

Als ein paar Tage vergangen waren, durfte er nach Hause. Aber der kleine Bär mußte immerzu an den Mond denken. Er sorgte sich sehr um ihn. Er hatte keine Lust mehr, mit seinen Freunden zu spielen. Und essen mochte er auch nicht.

So gingen die Tage dahin. Einmal schaute der kleine Bär in den Spiegel und sah, daß er sehr dünn geworden war. Plötzlich hatte er einen Einfall. Vielleicht ißt der Mond auch nicht genug, dachte er. Möglich, daß er darum immer dünner wird!

In dieser Nacht stellte der kleine Bär ein Schälchen mit Honig für den Mond hinaus. Der kleine Bär träumte, daß der Mond wieder dick und rund war. Es war ein schöner Traum.

Doch während der kleine Bär schlief, kamen die Vögel und pickten den Honig auf.

Am Morgen war die Schale leer. Und am folgenden Abend sah der Mond tatsächlich etwas größer aus. Nun wird alles wieder gut, dachte der kleine Bär, und er freute sich.

Jeden Abend stellte der kleine Bär ein bißchen mehr Honig für den Mond hinaus. Der Mond wurde dick und dicker, und der kleine Bär tanzte vor Freude.

74

Er ahnte nicht, daß die Vögel in den Nächten den Honig holten. Er sah nur den Mond. Und der Mond nahm zu.

Ich hab dem Mond geholfen, dachte der kleine Bär. Ohne mich wäre er schließlich verhungert. Aber weil er all seinen Honig verschenkte, aß er nun selber gar nichts mehr. Tag für Tag wurde der kleine Bär immer dünner und schwächer.

Natürlich merkten auch die Vögel, was mit ihm los war. Einer von ihnen wollte ihm alles über den Mond erzählen. Die anderen Vögel aber sagten: „Nein! Mach das bloß nicht. Wenn der kleine Bär die Wahrheit kennt, wird er keinen Honig mehr hinausstellen."

Doch dem Vogel tat der kleine Bär so leid, daß er trotzdem zu ihm hinflog.

„Armer, dummer Mondbär", zwitscherte er. „Hör zu: Den Mond braucht niemand zu füttern."

„Warum nicht?" fragte der kleine Bär.

„Weil er von ganz allein größer wird und kleiner und wieder größer und kleiner und immer so fort. Und wenn du wissen willst, wer deinen Honig gegessen hat – das waren wir!"

Von dem Tag an aß der kleine Bär seinen Honig wieder selber. Bald war er kräftig und gesund wie früher. Und der Mond wurde jede Nacht ein bißchen größer, bis er schließlich genauso rund war wie damals, als der kleine Bär ihn zum erstenmal bemerkt hatte.

Immer noch war der kleine Bär in den Mond verliebt. Aber der Mond brauchte ihn nicht.

Wahrscheinlich weiß er nicht einmal, daß es mich gibt, dachte der kleine Bär betrübt. Doch als er eben anfing zu weinen, flog der Vogel herbei.

„Kleiner Bär", zwitscherte er, „du bist nicht einsam. Wir Vögel sind gern bei dir. Und wir brauchen dich."

Da begriff der kleine Bär, daß man nicht unbedingt den Mond zum Freund haben muß. Ein Freund kann auch ganz nahe sein, viel näher, als man denkt.

Josef Guggenmos | # Sieben kleine Bären

Sieben kleine Bären
Gingen trippel-trappel
Durch den Wald
Und hielten sich brav
Bei den Vordertatzen.

Da standen sieben kleine Katzen
Bei einer Pappel
Am Bach.
Und sagten: Ach,
Wären wir drüben,
Miau!

Die Katzen machten die Augen zu
Vor Ängsten.
Und der kleinsten
War es am bängsten.

Da nahmen die sieben kleinen Bären
Die sieben kleinen Katzen
Auf ihren Rücken
Und sagten: Wir sind stark,
Es wird uns glücken.

Als sie am anderen Ufer waren,
Sagten die sieben Kätzlein
Artig das Sätzlein:
Wir danken schön!

Es ist gern geschehen,
Erklärten die Bären
Und meinten auch:
Ja, wenn wir nicht wären!

Friedel Schmidt | # Wischi und Waschi

Auf einer Insel, nicht weit vom Land entfernt, wohnen Wischi und Waschi. Und weil es hier Heuschrecken, Schnecken, Spinnen, Würmer, Bienen, Fliegen, Käfer, Krebse, Muscheln, Nüsse, Kastanien, Früchte, Wurzelgemüse und dicke rote Beeren gibt, werden sie immer satt.

Alles, was Wischi essen will, wischt er vorher ab. Darum heißt er Wischi. Dann gibt er es an Waschi weiter. Der wäscht es ab. Darum heißt er Waschi. Wenn sie alles abgewischt und abgewaschen haben, futtern sie, daß es nur so staubt. Dann sind sie müde und schlafen ein Stündchen. So ist das bei Waschbären.

Und so könnte es auch weitergehen bis nächstes Jahr Weihnachten oder noch weiter. Beide könnten sich bärenwohl fühlen. Aber da ist ein Haken: Wischi will nie allein sein, und Waschi will auch mal seine Ruhe haben. Sagt Waschi: „Ich gehe Fliegen fangen", sagt Wischi: „Ich gehe mit." Sagt Waschi: „Ich mache mir jetzt einen Spinnen-Schnecken-Käfersalat", sagt Wischi: „Ich mache mir auch einen Spinnen-Schnecken-Käfersalat." So ist das immer. Wischi will nicht allein essen. Wischi will nicht allein spielen. Wischi will nicht allein ins Bett und nicht allein einschlafen. Waschi klettert auf einen Baum und macht einen Kopfsprung ins Wasser. Wer flitzt auf den Baum und plumpst hinterher? Wischi.

„Kann ich nicht mal fünf Minuten allein sein?" knurrt Waschi.

„Du ja, aber ich nicht. Fünf Minuten, wie lange ist das?"

„Ich will meine Ruhe haben", schimpft Waschi. „Ich gehe weg und komme nie wieder."

„Dann gehe ich mit dir weg und komme auch nie wieder", murrt Wischi.

„Nein, ich gehe allein."

Wischi hat Angst. Er will nicht allein sein. Er ist ganz lieb, und er macht alles, was Waschi will.

Und weil Waschi es gern hat, wenn Wischi lieb ist und alles macht, was er will, sagt er oft zu Wischi: „Du wirst sehen: Ich gehe weg und komme nie wieder."

Dann krault Wischi Waschi stundenlang hinter den Ohren, bringt ihm zu futtern und kämmt ihm die Haare. Nur allein will Wischi nicht sein.

Und das würde so weitergehen bis nächstes Jahr Weihnachten oder noch weiter, wenn nicht dieses fürchterliche Gewitter gekommen wäre: Es blitzt, donnert und gießt wie aus Feuerwehrschläuchen. Auf dem See sind hohe Wellen.

Plötzlich kommt eine riesige Welle, und „schwupp" spült sie den Waschi weg vom Strand. Der strampelt, rudert und schlägt wie wild mit den Armen um sich. Er will zur Insel zurück, er will zu Wischi. Aber es geht nicht. Die Wellen sind stärker. Sie treiben ihn weg und werfen ihn schließlich aufs Land.

Da liegt er nun wie ein nasser Waschlappen. Er kann nicht aufstehen. Alles tut ihm weh. Vor Müdigkeit schläft er ein und hat endlich seine Ruhe.

Wischi hat die riesige Welle nicht gesehen, die Waschi weggespült hat. Er ruft nach Waschi. Waschi antwortet nicht. Er rennt herum und brüllt lauter. Waschi antwortet nicht. Er heult, schreit und stampft mit den Füßen auf den Boden.

Kein Waschi weit und breit.

Wischi ist allein. Er hockt sich auf den Boden, stützt den Kopf auf die Knie und heult und heult. Anfangs ganz laut. Dann immer leiser. Und weil Brüllen keinen Spaß macht, wenn man nicht gehört wird, und Heulen keinen Spaß macht, wenn man nicht getröstet wird, hört er schließlich ganz damit auf.

Er schließt die Augen und will nichts mehr sehen. Er sieht nicht, daß das Gewitter aufgehört hat. Er sieht nicht die dicken roten Beeren vor seiner Nase. Alles ist grau.

Wischi ist allein.

„He! Warum bist du so traurig?" schnarren zwei Raben, die vorbeigeflattert kommen.

„Ich bin ganz allein", ruft Wischi.

„Stimmt ja nicht. Wir sind doch da", krächzen die Raben.

„Ich bin trotzdem ganz allein", schreit Wischi.

Die Raben schütteln ihre Köpfe und fliegen weiter.

Und weil so viel Traurigsein müde macht, schläft Wischi schließlich ein.

Fünf Stunden und fünfundfünfzig Minuten hat Waschi an Land geschlafen. Dann wird er wach. Er gähnt und reibt sich den Schlaf aus den Augen.

Wischi auf seiner Insel wird auch wieder wach. Er rüttelt und schüttelt sich. Er bewegt Arme und Beine. Er macht drei Kniebeugen und fühlt, ob das Herz noch schlägt. Er blinzelt in die Sonne. Von Waschi noch immer keine Spur.

Er sieht zwei Raben am blauen Himmel fliegen und frißt die dicken roten Beeren vor seiner Nase. „Allein sein ist zwar schwer. Aber Hauptsache, ich bin noch am Leben."

Waschi ist auch allein. Kein Wischi weit und breit. Waschi hat seine Ruhe. Aber zuviel Ruhe und zuviel Alleinsein machen auch keinen Spaß. Und Hunger hat er auch. Er geht zum Dorf. Will Erdbeeren aus dem Garten stibitzen.

Da kommt die Bäuerin. Sie läuft hinter ihm her. Sie will ihn fangen. Waschi rennt um sein Leben. Er springt in den See. Er schwimmt wie ein Weltmeister und erreicht wirklich seine Insel.

Und wer sitzt da am Strand und blinzelt faul in die Sonne? Wischi! Haben die sich gefreut! Wischi hat abgewischt, und Waschi hat abgewaschen. Dann haben sie gefuttert, daß es nur so staubt, und ein Stündchen geschlafen. So ist das bei Waschbären, und so geht das auch weiter bis nächstes Jahr Weihnachten oder noch weiter.

„Ich gehe Fliegen fangen", sagt Waschi. Wischi sagt nichts.

„Gehst du mit?" fragt Waschi.

„Ich habe keine Lust. Ich kann schon gut allein sein. Fünf Minuten und noch länger. Fast einen ganzen Tag. Aber paß bloß auf, daß keine große Welle kommt!"

Hans-Georg Schmitten | Der **Eisbär** kommt!

Was dem Herrn Simsam nicht alles einfällt! Einmal wollte er sein Glück als Eisverkäufer versuchen. Davon hatte er schon als Bub geträumt: Eis essen zu dürfen, soviel man wollte, und dabei auch noch Geld zu verdienen.

„Man muß alles einmal ausprobieren", sagte er sich und besorgte sich einen kleinen Eiswagen mit einem kleinen Sonnenschirm daran. Und schob los.

Aber wenn ihr ihn getroffen hättet, ihr hättet ihn bestimmt nicht erkannt: Herr Simsam hatte nämlich sein Eisbärenkostüm angezogen. Zwar schwitzte er sehr unter dem dicken Fell und dem mächtigen Bärenkopf, doch er dachte: „Reklame muß sein! Eisverkäufer, die aussehen wie Eisverkäufer, gibt es schon genug!"

So tippelte er mit seinem Wägelchen durch den Park und rief: „Der Eisbär kommt! Kauft Eis beim Eisbären!"

Als er in der Nähe des Spielplatzes war, kamen drei Mädchen und zogen an seinem Zottelfell: „Bist du echt?"

„Natürlich bin ich echt", brummte Herr Simsam.

„Na gut", sagte das erste Mädchen, „dann mußt du

auch jeder ein Bäreneis schenken! Ich nehme Brombär!"

„Und ich Himbär", kicherte das zweite Mädchen.

„Und ich Erdbär", krähte die Kleinste, „mit Vanille und Melone und Zitrone und Schoko!"

Der Eisbär spendierte eine Runde Eis und gönnte sich auch selber eins. Dann tippelte er weiter.

Was Herr Simsam nicht wissen konnte: An diesem Tag war noch ein zweiter Eisbär unterwegs – und zwar ein richtiger! Bodo hieß er. Dem war es im Zoo zu langweilig geworden, darum war er heimlich über den Zaun gestiegen, um sich ein bißchen in der Stadt umzusehen.

„Der Eisbär kommt!" rief Herr Simsam. „Kauft Eis beim Eisbären!"

Aber was war los?

Auf einmal wollte niemand mehr an seinen Eiswagen kommen. Im Gegenteil: Die Leute liefen sogar weg, wenn er sich ihnen näherte.

„Seh ich denn gar so gefährlich aus?" fragte er eine Frau, die gerade erschrocken von ihrer Bank aufsprang.

„Sie nicht – aber der da!" sagte die Frau und rannte, was sie konnte.

86 Da bemerkte Herr Simsam, daß der richtige Eisbär schon eine ganze Weile hinter ihm herstapfte! Das Tier war einen Bärenkopf größer als er, und vor Hitze und

Appetit hing ihm lang die Zunge aus dem Maul. Jetzt breitete Bodo auch noch die Arme aus, als wollte er Herrn Simsam brüderlich ans Herz drücken.

„Wi-willst du vielleicht was Leckeres?" stotterte Herr Simsam und öffnete schnell seinen Eisbehälter. „Bedien dich nur!"

Das ließ sich der richtige Eisbär nicht zweimal sagen! Schon matschte er mit seinen Pranken in der köstlichen Masse herum und schlang und schleckte das Eis in sich hinein, daß es nur so schmatzte. Als er den ganzen Behälter leergefressen und auch den letzten Rest herausgekratzt hatte, legte er sich zufrieden hinter eine Parkbank und schlief sofort ein.

„Aus dem Eisverkauf wird ja nun nichts mehr", dachte Herr Simsam. „Na, Hauptsache, ich lebe noch!"

Eben wollte er den schweren Eisbärenkopf absetzen, da packte ihn ein Mann fest am Arm: „Hab ich dich endlich, Bodo! Los, mitkommen, du Ausreißer!"

„Aber nicht doch, ich bin doch der Herr Simsam!" rief Herr Simsam.

„Ist schon recht!" sagte der Mann und wollte ihn an die Kette nehmen. „Das kann jeder sagen!"

Gott sei Dank merkte der Tierpfleger dann doch, daß hier der falsche Eisbär vor ihm stand. Sonst wäre Herr Simsam zu guter Letzt noch im Zoo gelandet!

Ingrid Uebe | # Der kleine Brüllbär ist krank

Eines Morgens mochte der kleine Brüllbär sein Frühstück nicht. Das war höchst ungewöhnlich. Die Mutter sah ihn besorgt an. Sie hatte ihm Milch und ein Honigbrot hingestellt. Das mochte er sonst sehr gern. Jetzt schnupperte er nur daran und ließ beides stehen.

„Was ist los, kleiner Brüllbär?" fragte die Mutter. „Trink doch und iß!"

„Uaah!" brüllte der kleine Brüllbär. Doch brüllte er leiser als sonst. Es klang ziemlich kläglich.

„Ich mag nicht trinken! Ich mag nicht essen! Die Milch riecht sauer! Der Honig riecht bitter!"

Die Mutter schüttelte den Kopf. Sie sagte: „Aber das stimmt nicht, kleiner Brüllbär. Ich habe beides probiert."

„Stimmt doch!" antwortete der kleine Brüllbär. „Hast du gar nicht probiert!"

Die Mutter legte ihm ihre Pfote auf die Nase. „Sie ist ganz heiß", stellte sie fest. „Du hast sicher Fieber und gehörst ins Bett."

„Uaah!" brüllte der kleine Brüllbär. „Nein, ich will nicht ins Bett! Ich bin ja eben erst aufgestanden."

88 „Dann geh ein bißchen hinaus!" sagte die Mutter. „Frische Luft tut dir vielleicht auch gut."

Der kleine Brüllbär ging in den Garten. Er legte sich in

die Sonne. Aber die war ihm zu heiß. Dann legte er sich in den Schatten. Aber dort war es ihm zu kalt. Schließlich ging er wieder ins Haus. Die Mutter fegte die Stube. „Spielst du mit mir?" fragte der kleine Brüllbär. „Jetzt nicht", sagte die Mutter. „Ich habe zu tun."

„Uaah!" brüllte der kleine Brüllbär. Aber mehr fiel ihm nicht ein.

„Tut dir vielleicht etwas weh?" fragte die Mutter.

„Ja", brüllte der kleine Brüllbär. „Mein Kopf und mein Hals und überhaupt alles!"

„Das hättest du gleich sagen sollen", meinte die Mutter. Dann steckte sie ihn ins Bett. Der kleine Brüllbär brüllte nicht mehr. Er brummte nur noch ein bißchen. Er war froh, daß er im Bett lag.

Die Mutter stopfte dem kleinen Brüllbär drei Kissen in den Rücken und deckte ihn gut zu. Dann brachte sie ihm ein Bilderbuch.

„Du sollst hierbleiben!" sagte der kleine Brüllbär.

„Laß mich nur noch die Stube fertig kehren!" antwortete die Mutter. „Dann komme ich wieder."

„Uaah!" brüllte der kleine Brüllbär.

Da steckte sie ihm schnell das Fieberthermometer in den Mund, und er schwieg still. „Schön drin lassen!" mahnte die Mutter. „Ich bin gleich wieder da."

Der kleine Brüllbär lehnte sich in die Kissen zurück. Das Bilderbuch sah er nicht an. Er war viel zu schwach, und alles tat weh.

Der kleine Brüllbär machte die Augen zu. Aber er schlief nicht. Er hatte einen Fiebertraum.

Sein Durst und die Hitze waren ganz schrecklich. Er bäumte sich auf.

„Aber kleiner Brüllbär", sagte die Mutter, „du hast ja dein Bett ganz durcheinandergewühlt."

Der kleine Brüllbär seufzte tief. Der Traum war vorbei, aber Hitze und Durst waren geblieben.

Die Mutter nahm dem kleinen Brüllbär das Thermometer aus dem Mund. Sie sagte erschrocken: „Du hast hohes Fieber. Ich rufe den Doktor."

„Uaah!" brüllte der kleine Brüllbär. Er brüllte ganz heiser. „Nein, nicht den Doktor! Den kann ich nicht leiden."

„Aber kleiner Brüllbär", sagte die Mutter, „Doktor Rabe ist ja sehr klug, und er wird dir bestimmt helfen."

Sie trat ans Fenster und machte es auf. Unter dem Dach wohnten Herr und Frau Schwalbe mit ihren vier Kindern.

Die Mutter rief: „Hallo, Herr Schwalbe! Wären Sie wohl so nett, Doktor Rabe zu holen? Unser kleiner Brüllbär ist krank."

„Gewiß!" rief Herr Schwalbe. „Gewiß!" Eilig flog er davon.

Die Mutter holte dem kleinen Brüllbär ein großes Glas kühlen Himbeersaft aus der Küche. Das trank er in einem Zug leer.

91

Die Mutter setzte sich an sein Bett. Sie fragte: „Soll ich dir etwas erzählen?"

„Ja", sagte der kleine Brüllbär, „etwas von früher, als ich noch klein war!"

Er kannte alle Geschichten von früher, doch er bekam nie genug davon. Also erzählte die Mutter von der Zeit, als er noch ein winziger Brüllbär gewesen war und nicht einmal „uaah" sagen konnte. Nur „uääh, uääh" hatte er gemacht, das allerdings schon ziemlich laut. Als er dann laufen lernte, hatte er immer seine vier Pfoten durcheinandergebracht, die rechten und die linken, die vorderen und die hinteren…

An dieser Stelle klopfte es ans Fenster. Das war Doktor Rabe! Die Mutter machte ihm auf.

„Guten Tag, kleiner Brüllbär!" sagte der Doktor. „Nun, wie geht es dir denn?" Der kleine Brüllbär antwortete nicht. Er brüllte nicht einmal. Doktor Rabe sah ihm in die Augen und in den Hals. Er fühlte ihm den Puls und horchte an seiner Brust.

Dann sagte er: „Es ist nur eine starke Erkältung."

Die Mutter atmete auf.

Doktor Rabe sprach weiter: „Übrigens komme ich eben von deinem Freund, dem kleinen Brummbär. Der hat die gleiche Krankheit wie du. Habt ihr gestern vielleicht etwas angestellt?"

„Nein", sagte der kleine Brüllbär, „nur ein bißchen im Bach gestanden."

„Soso", sagte der Doktor. „Aber der Bach ist doch sehr kalt."

„Ja", sagte der kleine Brüllbär, „wir hatten gewettet, wer es am längsten darin aushalten kann. Ich habe gewonnen."

„Dann ist die Sache ja klar", sagte Doktor Rabe. Er zog ein Fläschchen mit weißen Tabletten unter seinem Flügel hervor. Er sagte: „Davon nimmst du jetzt zwei!"

Da brüllte der kleine Brüllbär: „Uaah! Nein, die nehme ich nicht!"

„Der kleine Brummbär hat sie genommen", sagte der Doktor.

„Wie denn?" fragte der kleine Brüllbär. „Hat er gebrüllt? Oder gebrummt?"

„Nein", sagte der Doktor, „er hat sie einfach runtergeschluckt. Er ist ja nicht dumm."

„Ich bin auch nicht dumm!" sagte der kleine Brüllbär. Da holte ihm seine Mutter noch ein Glas Himbeersaft. Er nahm einen großen Schluck und spülte die Tabletten damit runter.

„Na also!" sagte Doktor Rabe. „Jetzt werde ich noch die Kräuterfrau schicken. Die soll Tee für dich kochen. Danach kommt Klara Kröte und macht dir Umschläge. Dann bist du bald wieder gesund."

Die Mutter machte das Fenster auf. Da flog der Doktor hinaus.

Nicht lange danach pochte es unten an die Tür. Das war

die Kräuterfrau mit einem Korb voller Grünzeug. Sie stützte sich auf einen Stock. Sie hatte einen krummen Rücken und eine lange Nase. Ihre Stimme war laut und tief wie die eines alten Soldaten. Die Mutter machte ihr auf und führte sie in die Küche.

„Stell Wasser aufs Feuer!" sagte die Kräuterfrau. „Und gib mir die Kanne!" Dann suchte sie in ihrem Korb nach den richtigen Kräutern. Sie brühte den Tee auf und brachte ihn dem kleinen Brüllbär ans Bett.

„Uaah!" brüllte er. „Ich mag keinen Tee! Und den schon gar nicht! Er riecht nicht gut, und er ist viel zu heiß!"

„Aber er hilft!" sagte die Kräuterfrau.

„Das glaube ich nicht!" brüllte der kleine Brüllbär. „Gieß ihn nur fort!"

Da klopfte die Kräuterfrau mit ihrem Stock auf den Boden. „Dunnerlittchen!" sagte sie barsch. „Du hältst jetzt den Mund und trinkst diesen Tee!" So hatte noch niemand mit dem kleinen Brüllbär gesprochen. „Dunnerlittchen!" sagte die Kräuterfrau wieder.

Dunnerlittchen? – Das war ein komisches Wort. Der kleine Brüllbär dachte darüber nach. Er trank einen Schluck Tee. So schlecht schmeckte er gar nicht.

„Warum nicht gleich so?" fragte die Kräuterfrau.

Der kleine Brüllbär nahm noch einen Schluck. Dann fragte er: „Erzählst du mir eine Geschichte?"

„Nein", sagte die Kräuterfrau. „Ich kenne nur Kräuter und keine Geschichten."

Sie wartete, bis er seine Tasse leer getrunken hatte, dann ging sie murmelnd hinaus. Die Mutter brachte sie bis zur Tür.

Als sie zurückkam, sagte sie: „Die Kräuterfrau hat mir noch etwas für dich gegeben." Es war ein Bonbon.

„Ein Kräuterbonbon?" fragte der kleine Brüllbär.

„Nein, ein Sahnebonbon", antwortete die Mutter.

„Dunnerlittchen!" sagte der kleine Brüllbär.

Er lutschte sein Sahnebonbon. Es war sehr lecker. Er sagte: „Das ist gut gegen Halsweh."

„Ganz bestimmt!" nickte die Mutter. „Aber horch, wer da kommt!"

Da kamen Schritte plitsch-platsch auf das Haus zu und dann plitsch-platsch die Treppe herauf. Das war Klara Kröte. Sie war sehr häßlich, aber sie hatte schöne, goldgrüne Augen. Sie trug einen silbernen Eimer.

„Guten Tag, Klara", sagte die Mutter. „Es ist nett, daß du kommst. Wir haben schon auf dich gewartet."

„Uaah!" brüllte der kleine Brüllbär. „Nein, das ist gar nicht nett, und wir haben auch gar nicht gewartet!" Er brüllte noch lauter: „Uaah! Was hast du in deinem Eimer?"

„Brunnenwasser und Leintücher", antwortete Klara Kröte.

Sie schlug seine Decke zurück und nahm ein Tuch aus dem Eimer. Das drückte sie sorgfältig aus und legte es ihm auf die Brust.

„Uuuh!" brüllte der kleine Brüllbär.

Mehr brachte er nicht heraus. Er klapperte nur mit den Zähnen. Klara Kröte wickelte auch seine Beine in feuchte Tücher. Dann deckte sie ihn gut zu.

„Gleich wird dir warm", sagte sie.

Das stimmte tatsächlich! Der kleine Brüllbär kuschelte sich unter die Decke. Bald ging es dem kleinen Brüllbär viel besser. Er fühlte sich zwar noch schwach, aber nichts tat ihm mehr weh.

Er setzte sich hin und sah Klara Kröte dankbar an.

„Weiterhin gute Besserung", sagte Klara Kröte. Dann ging sie plitsch-platsch aus dem Haus.

„So, kleiner Brüllbär", sagte die Mutter. „Jetzt hole ich dir etwas Gutes zu essen. Du mußt doch allmählich hungrig sein."

„Hungrig eigentlich nicht", sagte der kleine Brüllbär. „Aber ein bißchen Appetit habe ich schon."

„Auf was denn?" fragte die Mutter.

Der kleine Brüllbär überlegte. „Auf Honigkuchen und Pudding", sagte er dann, „auf Milchreis und Apfelkompott, auf Brötchen mit Himbeermarmelade, auf Pfannkuchen mit Zucker, dann noch auf zwei oder drei Nüsse und ein paar Rosinen vielleicht."

„Ist das schon alles?" fragte die Mutter.

96 „Nein", sagte der kleine Brüllbär, „das größte bißchen Appetit habe ich nämlich auf Walderdbeeren mit Sahne."

„Ich will sehen, was ich tun kann", sagte die Mutter und ging in die Küche.

Der Vater kam und brachte dem kleinen Brüllbär einen Hampelhasen. Den hatte er selbst gemacht. Der kleine Brüllbär lachte. „Kranke Kinder sollen sich freuen", sagte der Vater, „dann werden sie schneller gesund."

Die Mutter trug ein Tablett mit leckeren Sachen herein. Der kleine Brüllbär lachte wieder.

„Freust du dich?" fragte der Vater.

„Schmeckt es dir?" fragte die Mutter.

Der kleine Brüllbär nickte. Sprechen konnte er nicht. Er hatte den Mund voll Walderdbeeren mit Sahne.

Sylvia Frueh-Keyserling | ## Zottel^{bär}

Ich wollt, ich wär ein Zot-tel bär, Zi-Za — Zot-tel-bär. Ich
Zot-tel — bär: Ich tä–te manch-mal ganz laut brum-men,
brum-men und tan – zen und am Sonn-tag sum-men.

1. Ich wollt, ich wär ein Zottelbär,
Zi-Za-Zottelbär.
Ich wollt, ich wär ein Zottelbär,
Zi-Za-Zottelbär:
Ich täte manchmal ganz laut brummen,
brummen und tanzen,
brummen und tanzen
und am Sonntag summen.

2. Ich wollt, ich wär ein Zottelbär,
Zi-Za-Zottelbär.
Ich wollt, ich wär ein Zottelbär,
Zi-Za-Zottelbär:
Ich tät dich mit der Nase stupsen,
stupsen und schieben,
stupsen und schieben
und dich auch mal schubsen.

3. Ich wollt, ich wär ein Zottelbär,
Zi-Za-Zottelbär.
Ich wollt, ich wär ein Zottelbär,
Zi-Za-Zottelbär:
Ich täte auf dem Sofa liegen,
liegen und zotteln,
liegen und zotteln
und mich an dich schmiegen.

Melodie: Ludger Edelkötter

Margret Rettich | Der kleine Bär reißt aus

Ein kleiner Bär lebte mit Bärenvater und Bärenmutter im Wald in einer Bärenhöhle. Bärenvater sorgte für Leckerbissen, Bärenmutter kannte lustige Spiele. Wenn der kleine Bär müde wurde, nahm ihn Bärenvater in den Arm. Bärenmutter brummte ihn leise in den Schlaf.
Der kleine Bär hatte es wirklich gut, aber er war unzufrieden. Er wollte nicht immer in der Bärenhöhle sein. Er wollte sich mal die weite Welt angucken.
Doch Bärenvater und Bärenmutter erlaubten es nicht. Der kleine Bär war ja noch viel zu klein. Sie erklärten ihm, daß in der weiten Welt viele Gefahren auf kleine Bären lauern.

Kleine Bären kann der Wind wegwehen. Auf kleine Bären können Bäume fallen und sie erschlagen. Kleine Bären können im Fluß ertrinken. Kleine Bären können auch verhungern und verdursten. Oder in den Abgrund stürzen. Und dann können kleine Bären hinfallen und sich sehr weh tun.
Darum war es gut, daß Bärenvater und Bärenmutter den kleinen Bären nie allein ließen und immer beschützten. Das sah der kleine Bär auch ein.
Doch dann riß er einfach mal aus.

Zuerst mußte der kleine Bär durch den Wald. Der Wind wehte, und die Bäume rauschten. Doch der Wind wehte den kleinen Bären nicht weg. Und kein Baum fiel um und erschlug den kleinen Bären. Der kleine Bär war sehr stolz, als er heil aus dem Wald herauskam.

Hinter dem Wald war ein Fluß. Der kleine Bär lief am Ufer entlang und wäre gern auf die andere Seite gekommen. Schließlich entdeckte er im Wasser ein paar große Steine. Auf denen turnte er vorsichtig hinüber. Der kleine Bär war sehr stolz, weil er nicht im Fluß ertrunken war.

Aber der kleine Bär war durstig geworden. Er hockte sich hin und trank soviel Wasser aus dem Fluß, wie er konnte. Der kleine Bär war stolz, weil er nicht verdurstet war.

Hinter dem Fluß war eine Wiese. Der kleine Bär legte sich ins Gras und ruhte sich aus. Sein Magen knurrte. Fast wäre er jetzt verhungert. Dann sah der kleine Bär, wie die Bienen aus den Blüten Honig saugten. Er probierte es auch. Es war sehr mühsam. Doch der kleine Bär war stolz, als er satt war.

Hinter der Wiese war ein Berg. Der kleine Bär kletterte hoch. Er war sehr stolz, weil er dabei nicht in den Abgrund purzelte.

Oben auf dem Berg guckte er sich um. Der kleine Bär konnte nun die ganze weite Welt sehen. Er hatte nicht geahnt, daß die weite Welt so klein war. Der Wald war klein, der Fluß war klein, und auch die Wiese war ganz klein. Plötzlich sah er zwei winzige Bären. Sie kamen aus dem Wald heraus. Dann wateten sie durch den Fluß. Und nun rannten sie über die Wiese.

Als der kleine Bär genau hinsah, erkannte er Bärenvater und Bärenmutter. Beide waren viel, viel kleiner als er selber. Auf so kleine Bären lauern viele Gefahren. Der kleine Bär mußte darum Bärenvater und Bärenmutter sofort beschützen. Er rannte den Berg hinunter, so schnell er konnte. Er rannte und rannte und rannte. Dann stolperte er und fiel der Länge nach hin. Das tat sehr weh. Zum Glück waren Bärenvater und Bärenmutter da.

Bärenvater nahm den kleinen Bären in den Arm und trug ihn heim in die Bärenhöhle. Bärenmutter lief hinterher und brummte leise. Da schlief der kleine Bär schon unterwegs ein. Und er träumte von der weiten, winzig kleinen Welt.

Jürgen Spohn | Mit oder ohne

Fragt einmal
ein Honigbär
einen andern
Honigbär
wie das wär
wie das
ohne Honig wär
Wär da
vielleicht
kein Honig mehr
wär
das Leben
sehr, sehr
leer

Gina Ruck-Pauquèt | **In jedem Wald ist eine Maus, die Geige spielt**

In einem sehr kleinen Wald wohnte einmal ein sehr kleiner Bär. Mit ihm lebten eine Maus, ein Eichhörnchen und ein Rabe. An sonnigen Tagen spielte die Maus auf einer winzigen Geige, und der Bär tanzte dazu. Und nachts schliefen sie alle und schnarchten. Jeder in einer anderen Tonart. Es hätte ruhig so bleiben können, denn es war sehr schön. Aber leider geschah etwas Unerwartetes: Der Bär wuchs. Zuerst wurde er nur ein kleines bißchen größer, und das wäre ja nicht so schlimm gewesen. Aber dann wurde er noch ein bißchen größer, und noch ein bißchen, und da war er schon ziemlich groß.

„Hör auf zu wachsen!" sagte die Maus. „Es wird eng im Wald."

„Ich kann nicht aufhören", entgegnete der Bär, und er machte ein sehr unglückliches Gesicht.

Tatsächlich wuchs er wieder ein Stück.

„Du bist viel zu groß!" schimpfte das Eichhörnchen. „Wenn du hustest, wackeln die Bäume."

Und der Rabe flog nur noch in der Luft herum, weil unten kein Platz war. „Es muß etwas geschehen!" jammerte die Maus. „Ich kann die Beine nicht mehr ausstrecken."

Aber der Bär wurde immer noch größer.

Als er endlich aufhörte zu wachsen, war er so groß, daß er an allen Seiten aus dem Wald herausquoll. Und wenn es regnete, wurde er naß.

„Du mußt ausziehen", sagten die anderen Tiere.

Und der Rabe, der alles von oben betrachtete und der daher einen Teil der Welt übersah, meinte: „Jenseits der Stadt liegt ein großer Wald. Dahin solltest du gehen."

Da küßte der Bär der Maus die Pfote, winkte dem Eichhörnchen und dem Raben zu und machte sich auf. Er ging sehr langsam. Und manchmal blieb er stehen und seufzte:

> **„Ich armer brauner Bär, brumm, brumm,**
> **ich ziehe heimatlos herum.**
> **Mein Herz ist mir so furchtbar schwer.**
> **Zur Geige tanz ich nimmermehr."**

Die Spatzen, die in den Bäumen saßen, lachten über ihn. Spatzen sind manchmal albern. Der Bär aber trottete weiter, bis er in die Stadt kam.

„Bitte, wo geht es zum großen Wald?" fragte er einen Mann mit einem Fahrrad.

„Guten Tag, Herr Bär", entgegnete der Radfahrer höflich. „Steigen Sie auf!"

Da schwang sich der Bär hinten aufs Fahrrad, und der Mann radelte los. „Links ist der Fledermausturm!" rief er, „und rechts der Krötenfluß! Ich zeige Ihnen die ganze Stadt."

Aber der Bär wollte die Stadt nicht sehen. Und so stieg er an einer Kreuzung unbemerkt ab. Der Polizist hielt alle Autos zurück, damit der Bär die Straße überqueren konnte. Die Leute zogen die Hüte, und manche schüttelten dem Bären die Pranke. Einfach so, im Vorbeigehen.

„Wo geht es zum großen Wald?" fragte der Bär eine Frau.

„Oh", sagte die Frau, „wie schön, Sie zu treffen!"

Und sie hakte den Bären unter und nahm ihn mit zum Damenkränzchen. Da saß der Bär auf einem Plüschsofa mit Fransen, und es gab Buttercremetorte und Tee. Aber obschon ein honiggelber Wellensittich fröhliche Lieder sang, war der Bär sehr unglücklich. Und aus der Tasse trinken konnte er auch nicht. So machte er sich vorsichtig auf die Tatzen und sprang zum Fenster hinaus. Er kletterte an einer Laterne empor und schaute sich um. Aber den großen Wald konnte er nirgends entdecken.

„Hallo, Herr Bär!" riefen ein paar Leute. „Sie sind eingeladen. Wir feiern ein Fest!"

Und sie zerrten ihn mit. Da mußte der Bär mit ihnen tanzen, und die Musik spielte dazu. Alle waren fröhlich, nur der Bär nicht.

„Wo geht es in den großen Wald?" fragte er.

Doch die Leute lachten, und ein Mädchen steckte ihm eine Blüte ins Fell. Da pustete der Bär die Kerzen aus

und machte sich in der Dunkelheit davon. Lange lief er durch die nächtlichen Straßen.

„Wo liegt der große Wald?" rief er. „Wo liegt der große Wald?"

Aber er bekam keine Antwort. Der Bär wurde sehr traurig. Er war der traurigste Bär der Welt. Und das will schon etwas heißen, denn auf der Erde gibt es mindestens hunderttausendunddrei Bären. Er setzte sich an den Krötenfluß und machte die Augen zu. Wenn man nämlich die Augen schließt, bleibt die Welt draußen, und das ist manchmal sehr angenehm.

Im Krötenfluß schwamm der Mond. Vielleicht war es auch nur das Spiegelbild des Mondes. Und ein paar Sterne schwammen da auch. Den einen schluckte ein Fisch. Der Bär saß ganz still. Er bemerkte nicht einmal die Nachtfalter, die um seine Nase tanzten...

„Guten Abend, Bär!" rief da plötzlich jemand.

Es war ein kleiner Junge in einem Nachthemd. Er hockte sich neben den Bären und spielte ein bißchen auf seiner Mundharmonika.

„Wohnst du hier?" fragte er dann.

„Nein", brummte der Bär. „Ich suche den großen Wald. Aber ich werde ihn niemals finden."

„Der große Wald ist nicht weit", meinte der Junge. „Bei der nächsten Laterne rechts, dann fünfundfünfzig Schritte links und immer geradeaus."

Da umarmte der Bär den kleinen Jungen. Ganz vorsichtig natürlich. Bären sind ja furchtbar stark und kleine Jungen ziemlich zerbrechlich.

„Ich danke dir!" rief er. „Ich danke dir. Lebe wohl!"

Und er machte sich auf den Weg.

Als der Bär in den großen Wald kam, traf er ein Eichhörnchen und einen Raben. „Es ist wie zu Hause", sagte der Bär, und er war sehr glücklich. „Aber gibt es auch eine Maus, die Geige spielt?"

„In jedem Wald gibt es eine Maus, die Geige spielt", entgegneten die beiden. „Man muß sie nur finden."

Da ging der Bär in den grünen, duftenden Wald hinein und begann zu suchen.

Ilona Bodden | **Bären**hunger

Von wo hat nur der Stachelbär
die furchtbar vielen Stacheln her?

Der Erdbär andrerseits hat keine.
Wer weiß – vielleicht versteckt er seine?

Doch auch der Himbär, weich und glatt,
vermutlich keine davon hat.

Der Preiselbär, den wir mal trafen,
gehört natürlich zu den braven.

Jaja – auch der Johannisbär
setzt sich so gut wie nie zur Wehr.

Ganz harmlos – lasse dich belehren –
sind auch die Brom- und Heidelbären.

Und die Holunderbären auch
dahinten im Holunderstrauch.

Doch alle andern sind entbärlich,
um nicht zu sagen: sehr gefährlich!

Drum merk es, daß nicht jeder wild
gleich seinen Bärenhunger stillt.

Tilde Michels | **Unser Gustav Bär**

Gustav Bär hat ein gemütliches weiches Bett. Ein richtiges Bärenbett, in dem er sich wohl fühlt. Denn Gustav ist ein Langschläfer und ein Dauerschläfer und ein Winterschläfer.

Kaum ist die Sonne untergegangen, kuschelt er sich unter seine Decke und schläft einen tiefen Bärenschlaf.

Eines Abends aber, als Gustav die Bettdecke zurückschlägt, liegt da schon jemand darunter. Gustav brummelt und schaut: Drei fremde kleine Bären liegen da und blinzeln ihn an. Liegen einfach in seinem Bett und blinzeln.

„Ja wer…? Ja woher…? Ja wieso…?" stottert Gustav. Aber die drei kleinen Bären wissen schon, was er fragen will. Sie antworten: „Wir heißen Cilli, Bim und Mocke. Wir sind Wanderbären."

Bim sagt: „Wir wandern durchs Land, mal dahin, mal dorthin."

Mocke sagt: „Wo's uns gefällt, da bleiben wir."

Und Cilli sagt: „Bei dir gefällt's uns."

Gustav schnauft und wiegt den Kopf. So schnell kann er das gar nicht begreifen. „Wanderbären seid ihr?" wiederholt er. „Und es gefällt euch bei mir? Wirklich?"

Die Wanderbären nicken mit den Köpfen. Dann sagt Mocke: „Außerdem bist du so allein. Das ist doch langweilig, oder? Da haben wir uns gedacht, wir könnten deine Freunde sein."

„Meine Freunde?" Gustav Bär strahlt. „Freunde habe ich mir schon immer gewünscht. Mit Freunden kann man spielen. Mit Freunden kann man lachen. Mit Freunden kann man Dummheiten machen…"

„Und mit Freunden muß man alles teilen", sagt Mocke.

„Teilen?" fragt Gustav. „Was denn teilen?"

„Zum Beispiel", sagt Cilli und blinzelt, „zum Beispiel das Bett."

Gustav Bär sagt eine ganze Weile gar nichts. Er brummelt nicht einmal. Er schaut nur vor sich hin und zieht die Stirn in Falten.

„Teilen?" fragt er schließlich. „Mein Bett?"

Die drei Wanderbären setzen sich auf und schauen Gustav an. Ganz lieb schauen sie ihm in die Augen.

„Teilen!" sagt Cilli.

„Bett!" sagt Bim.

„Freunde!" sagt Mocke.

Dann streicheln sie ihm die Bärentatzen, wie ihm noch nie jemand die Tatzen gestreichelt hat.

Da wird es Gustav ganz warm ums Herz. Er schaut hinunter auf Cilli, Bim und Mocke, die sich so behaglich in sein Bett gekuschelt haben, und er sagt: „Also gut, wir teilen."

Damit sind Gustav und die drei kleinen Wanderbären Freunde.

„Und jetzt", erklärt Gustav, „will ich schlafen."

„Jetzt", sagt Mocke, „mußt du uns eine Geschichte erzählen."

„Eine Gutenacht-Geschichte", sagt Bim.

„Ohne Gutenacht-Geschichte können wir nicht einschlafen", sagt Cilli.

Gustav ist müde. Er wäre so gern in sein Bett gekrochen und hätte einfach die Augen zugemacht. Aber er will nicht, daß seine neuen Freunde traurig werden.

Also setzt er sich an den Bettrand und sagt: „Na gut, ich erzähle euch eine Geschichte."

Gustav Bär erzählt
eine Gutenacht-Geschichte

„Was soll ich euch denn erzählen?" fragt Gustav.

„Erzähl, wie es war, als du klein warst", verlangt Cilli.

„Als ich klein war?" wiederholt Gustav.

„So was hören wir nämlich am liebsten", erklärt Bim.

„Also gut", sagt Gustav Bär, „ich fange an: Es war einmal ein kleiner Bär…"

„Und das warst du!" ruft Mocke dazwischen.

„Richtig", sagt Gustav. „Der kleine Bär wohnte mit seinem Vater, seiner Mutter und mit Tante Lillibär in einer warmen Bärenhöhle. Dort roch es so gut wie nirgendwo sonst auf der Welt. Nach Bärenfell roch es und nach Honigplätzchen.

Eines Tages sagte der Vater: ‚Unser kleiner Bär ist jetzt alt genug. Er muß lernen, wie es die großen Bären machen. Ich will ihm zeigen, wie er stark und geschickt und mutig wird.‘

Der Mutter war das recht, denn sie wollte gern ein starkes, geschicktes, mutiges Bärenkind. Nur Tante Lillibär war dagegen. Tante Lillibär lag den ganzen Tag auf dem Sofa und aß Honigplätzchen. Sie war kugelrund wie ein Fäßchen. Aber sie fand sich gerade richtig und schön.

‚Laß doch unser Gustavchen in Ruhe!‘ rief Tante Lillibär. ‚Warum muß ein kleiner Bär schon soviel lernen? Er soll lieber Honigplätzchen essen, davon wird er auch stark.‘

Der kleine Bär wollte aber lernen, wie es die großen Bären machen. Also zog er mit seinem Vater los in den Wald.

‚Zuerst will ich dir zeigen, wie man auf Bäume klettert‘, sagte der Vater. ‚Stell dich dicht an den Stamm! Arme hoch, Tatzen in die Rinde krallen, Hinterteil nachschieben und mit den Beinen festklammern! Dann wieder Arme hoch, Tatzen in die Rinde krallen, Hinterteil nachschieben und mit den Beinen festklammern!‘

Leicht war das nicht. Zuerst rutschte der kleine Bär immer wieder ab. Bald taten ihm seine kleinen Tatzen weh. Deshalb sagte sein Vater: ‚Schluß! Das war für den Anfang schon sehr gut.'

Als sie nach Hause kamen, rief der kleine Bär schon von weitem: ‚Mami, Mami, ich kann schon auf Bäume klettern!'

Die Mutter betastete seine Arme und sagte: ‚Wirklich! Du hast schon ganz kräftige Muskeln bekommen.'

Auch Tante Lillibär ließ sich von ihrem Sofa rollen und betrachtete Gustavs Pfoten: ‚Richtig wundgescheuert hat er sich', jammerte sie. ‚Ich sage doch, das ist noch nichts für Gustavchen. Dafür ist er viel zu klein.' Und sie schob dem kleinen Bären rasch ein Honigplätzchen in den Mund.

Der kleine Bär hat gekaut, geschluckt und dann gelacht. ‚Morgen, Tante Lillibär, morgen lerne ich noch viel mehr.'

An diesem Abend ist der kleine Bär freiwillig ganz früh ins Bett gegangen. So müde war er."

Gustav Bär steht vom Bettrand auf. Er gähnt ganz schrecklich und sagt: „So ist das gewesen, als ich klein war. Und jetzt will ich endlich meine Ruhe haben. Macht Platz!"

Cilli, Bim und Mocke rutschen zur Seite. Gustav kriecht

unter die Bettdecke und fällt sofort in einen tiefen Bärenschlaf.

Jürgen Spohn | **Viel**

Das ist die
alte Melodie
Wer findet
wen und wo
und wie
Suchen ist
ein Bärenspiel
Und wer
viel sucht
der findet
viel

118

Jill Murphy | Keine **Ruh** für **Vater Bär**

Es war Schlafenszeit. Vater Bär war müde, Mutter Bär war müde, und Baby Bär war müde... Also gingen sie alle zu Bett.

Mutter Bär schlief sofort ein. Vater Bär nicht. Mutter Bär begann zu schnarchen.

„Sch-ch-hhh", machte Mutter Bär. *„Sch-chch-hhh, Sch-chchch-hhh."*

„Oh, *nein!*" sagte Vater Bär. *„Das* halte ich nicht aus." Er stand auf und ging ins Kinderzimmer. Dort wollte er schlafen.

Baby Bär schlief auch noch nicht. Er lag im Bett und spielte Flugzeug. *„Wiee-auu!"* machte Baby Bär. *„Wieee-auuu, Wieee-auuu-umm!"*

„Oh, *nein!*" sagte Vater Bär. *„Das* halte ich nicht aus." Er stand auf und ging ins Wohnzimmer. Dort wollte er schlafen.

Tick-tack... machte die Kuckucksuhr im Wohnzimmer... *Tick-tack, tick-tack, Kuckuck! Kuckuck!*

„Oh, *nein!*" sagte Vater Bär. *„Das* halte ich nicht aus." Er stand auf und ging in die Küche. Dort wollte er schlafen.

Tropf, tropf... machte der undichte Wasserhahn. *Hmmmmmmmmmmmmmmmm...* machte der Kühlschrank.

„Oh, *nein!*" sagte Vater Bär. „*Das* halte ich nicht aus."
Er stand auf und ging in den Garten. Dort wollte er schlafen. Tja, nicht zu glauben, was es da an Geräuschen gibt, nachts im Garten.

„*Huh-witt-huhuhhh!*" machte die Eule.

„*Schnüff, schnüff*", machte der Igel.

„*Miaaau!*" sangen die Katzen auf der Mauer.

„Oh, *nein!*" sagte Vater Bär. „*Das* halte ich nicht aus."
Er stand auf und ging zu seinem Auto…

Es war kalt und ungemütlich im Auto. Aber Vater Bär war so müde, daß er es gar nicht merkte. Die Augen fielen ihm zu…

Er war schon fast eingeschlafen, da fingen die Vögel zu singen an, und die Sonne blinzelte zum Fenster herein.

„*Ziwitt, ziwitt!*" zwitscherten die Vögel, und die Sonne schien immer heller.

„Oh, *nein!*" sagte Vater Bär. „*Das* halte ich nicht aus."
Er stieg aus und ging ins Haus zurück.

Alles war still und friedlich.

Baby Bär schlief fest, und Mutter Bär hatte sich umgedreht und schnarchte nicht mehr.

Vater Bär schlüpfte unter die Decke und seufzte tief.

„Endlich Ruh im Haus!" sagte er zu sich.

Brrrrrrrrrrrrrrrrrrrr! machte der Wecker. *Brrrrrrrrrrr!*
Mutter Bär rieb sich die Augen und gähnte.

„Guten Morgen, mein Lieber", sagte sie. „Hast du gut geschlafen?"

„Nicht *sehr*, meine Liebe", brummte Vater Bär.

„Macht nichts", sagte Mutter Bär. „Warte, ich bring dir das Frühstück ans Bett."

„Und die Post!" rief Baby Bär.

„Oh, *nein!*" sagte Vater Bär, als er den Polizeistempel sah.

„*Parksünder!*" rief Baby Bär. „Parksünder-Daddy!"

Gina Ruck-Pauquèt | **Murmel**bär

„Murmelbär ist ein lieber Bär", sagen die Tiere.

„Murmelbär ist ein guter Bär."

„Murmelbär tut alles, was man sagt."

Murmelbär ist ein leiser Bär. Er murmelt immer nur.

Murmelbär möchte gern Geige spielen. Und träumen.

Aber die anderen lassen ihm keine Ruhe. Immer wollen

sie was von ihm.

„Murmelbär, bürste mir mein Fell", sagt Franz-Leo

Pard. Franz-Leo Pard hat zwei Vornamen. Die anderen

Parden heißen ja vorn nur Leo. Murmelbär bürstet

Franz-Leo Pard das Fell.

„Murmelbär, hüte meine Kinder", sagt die Vollmond-

eule.

Die Vollmondeule ist nur bei Vollmond munter. Sonst

schläft sie Tag und Nacht. Murmelbär hütet die Eulen-

kinder.

„Murmelbär, lauf!" sagen die Zwickzwackaffen. „Wir

wollen auf dir reiten."

Und sie zwicken und zwacken Murmelbär. Murmelbär

läuft.

„Murmelbär, bau mir ein Nest", sagt das Baumnashorn.

Es ist ein besonderes Nashorn, denn es schläft nur auf

Bäumen.

Murmelbär baut ihm ein Nest und deckt es zu.

„Murmelbär, sing mir ein Schlummerlied. Ich will in deinem Fell schlafen", sagt die Brausemaus.

Die Brausemaus heißt Brausemaus, weil sie so gern Brause maust.

Murmelbär brummt ein Schlummerlied.

„Murmelbär, tanz mit mir", sagt das Trampelhampeltier.

Und es schwingt Murmelbär im Trampelhampeltanz und tritt ihm auf die Füße.

Murmelbär ist ein lieber Bär. Alle Tage ist er so, wie die anderen ihn wollen.

Er tut, was Franz-Leo Pard will.

Er tut, was die Vollmondeule will.

Er tut, was die Zwickzwackaffen wollen.

Er tut, was das Baumnashorn will.

Er tut, was Brausemaus will.

Er tut, was Trampelhampeltier will.

Nur was er selber will, tut Murmelbär nicht.

Murmelbär ist unglücklich. In der Nacht träumt er, daß er immer kleiner wird. So sehr schrumpft Murmelbär zusammen, daß Brausemaus größer ist als er.

Doch zum Glück ist es nur ein Traum.

Am anderen Tag nimmt Murmelbär seine Geige und versteckt sich in einer Höhle. Aber seine Geige ist stumm. Und als er träumen will, sind alle seine Träume fort.

„Komm raus!" rufen die Tiere.

„Wen sollen wir zwicken?" rufen die Zwickzwackaffen.

„Wem soll ich auf die Füße treten?" ruft Trampelhampeltier.

„Wer soll mein Fell bürsten?" ruft Franz-Leo Pard.

„Wer soll mir ein Schlummerlied singen?" ruft Brausemaus.

„Wer soll meine Kinder hüten?" ruft die Vollmondeule.

„Wer soll mein Nest bauen?" ruft das Baumnashorn.

„Ich", murmelt Murmelbär. Murmelbär ist ein lieber Bär.

Nachts im Traum aber ist Murmelbär gemein und böse. Er ist groß und schwarz und fletscht die Zähne. Die Vollmondeule hat er schon verschluckt. Doch zum Glück ist es nur ein Traum.

Murmelbär ist ein lieber Bär.

Alle Tiere machen mit ihm, was sie wollen. Bis Murmelbär nicht mehr mitmacht!

Murmelbär ist kein lieber Bär.

Murmelbär ist kein böser Bär.

Murmelbär ist Murmelbär.

Murmelbär holt seine Geige und spielt. Er findet seine Träume und träumt.

„Wie schön er spielt!" flüstern die Tiere. „Murmelbär ist ein großartiger Bär!"

Sie bürsten ihr Fell
Spielen ihre Spiele
Singen ihr Schlummerlied
Hüten ihre Kinder
Bauen ihr Nest
Tanzen ihre Tänze
SELBER

Und Murmelbär ist ihr Freund.

Quellenverzeichnis

S. 11 Nortrud Boge-Erli „Überall gibt's Bären". © bei der Autorin.

S. 12 Janosch „Der Bär und der Vogel"; aus: Lari Fari Mogelzahn. © Beltz Verlag, Weinheim und Basel 1971. Programm Beltz & Gelberg, Weinheim.

S. 17 Gina Ruck-Pauquèt „Der kleine Nachtwächter und der Bär". © bei der Autorin.

S. 20 Elisabeth Zöller „Guten Tag, ich bin ein Bär" (Lied). © Impulse-Musikverlag, 4406 Drensteinfurt.

S. 21 Isolde Schmitt-Menzel „Maus, Bär und der Tiger". © Ravensburger Buchverlag Otto Maier GmbH, Ravensburg.

S. 23 Renate Welsh „Ein sehr alter weißer Bär". © bei der Autorin.

S. 28 „Kleiner Tanzbär" (Lied). © Ravensburger Buchverlag Otto Maier GmbH, Ravensburg.

S. 29 Friedl Hofbauer „Der Heidelbeerbär". © bei der Autorin.

S. 36 Ursula Fuchs „Flohmarkt"; aus: „Geschichten von Bär". © 1984 Anrich Verlag GmbH, Kevelaer.

S. 44 Helme Heine „Prinz Bär". © 1987 Gertraud Middelhauve Verlag GmbH & Co. KG, Köln.

S. 46 Winfried Wolf „Warum die Eisbären schwarze Nasen haben". © Ravensburger Buchverlag Otto Maier GmbH, Ravensburg.

S. 48 Hans de Beer „Kleiner Eisbär, komm bald wieder!" © 1988 Nord-Süd Verlag AG, Gossau, Zürich und Hamburg.

S. 53 A. A. Milne „Pu stattet einen Besuch ab"; aus: „Pu der Bär". © Atrium Verlag Zürich, 1929.

S. 73 Frank Asch „Der kleine Mondbär". Übersetzung von Gina Ruck-Pauquèt. © 1980 Verlag Herder, Freiburg.

S. 77 Josef Guggenmos „Sieben kleine Bären"; aus: „Es las ein Bär ein Buch im Bett". © Georg Bitter Verlag, Recklinghausen 1978.

S. 79 Friedel Schmidt „Wischi und Waschi". © Gerstenberg Verlag, Hildesheim.

S. 85 Hans-Georg Schmitten „Der Eisbär kommt!" © beim Autor.

S. 88 Ingrid Uebe „Der kleine Brüllbär ist krank". © Ravensburger Buchverlag Otto Maier GmbH, Ravensburg.

S. 98 Sylvia Frueh-Keyserling „Zottelbär" (Lied). © Impulse-Musikverlag, 4406 Drensteinfurt.

S. 100 Margret Rettich „Der kleine Bär reißt aus". © Verlag Friedrich Oetinger, Hamburg 1989.

S. 103 Jürgen Spohn „Mit oder ohne"; aus: „Bärereien". © Carlsen Verlag, Hamburg.

S. 104 Gina Ruck-Pauquèt „In jedem Wald ist eine Maus, die Geige spielt". © Georg Bitter Verlag, Recklinghausen 1990.

S. 110 Ilona Bodden „Bärenhunger". © bei Elisabeth Rausch-Zimmer.

S. 112 Tilde Michels „Unser Gustav Bär". © 1980, Benziger Edition im Arena Verlag, Würzburg.

S. 118 Jürgen Spohn „Viel"; aus: „Bärereien". © Carlsen Verlag, Hamburg.

S. 119 Jill Murphy „Keine Ruh für Vater Bär". © Ueberreuter Verlag, Wien.

S. 122 Gina Ruck-Pauquèt „Murmelbär". © bei der Autorin.

Fredrik Vahle

Das Fredrik-Vahle-Liederbuch

RTB | 2003

Über 60 der bekanntesten
Lieder von Fredrik Vahle –
zum großen Teil mit Noten
– sind in diesem Buch ver-
sammelt. Zum Begleiten,
Mitsingen und Nachsingen
für die Kleinsten und natürlich auch für die Großen.
ab 4

Sabine Schuler (Hrsg.)

Mein Buch der Gutenachtgeschichten

RTB | 2014

Wer liebt das nicht: Ins
weiche, warme Bett
gekuschelt einer schönen
Geschichte, einem Märchen
oder einem Gutenacht-Lied
zuhören. Geschrieben von
Max Bolliger, den Brüdern
Grimm, Sigrid Heuck,
Isolde Heyne, Gina Ruck-
Pauquèt, Ursula Wölfel und
vielen anderen. Fast zu
schön zum Einschlafen!
ab 4